하얀사람

A Small Flower on a White Blank Paper

틈
하얀 백지
위에 놓인
작은 꽃
하나.

작가 문기현 지음

작가의 서재

Crack,

하얀 사람

틈. 하얀 백지 위에 놓인 작은 꽃 하나.

문기현 지음

작가의 서재

하얀 사람

쉼터라는 게 있을까.
어디에든 붉고, 하얀 감정이 깃들어있는 세상인데.

하얀 사람.
틈. 하얀 백지 위에 놓인 작은 꽃 하나.

목차

_ 들어서며 — 008

_ 틈 1 — 009

    나로부터 시작된 모든 것,
    선명하게 그어진 나만의 자아의 결.
    어떤 것이든 이 시의 모든 것은 진실이며,
    나의 틈이었음을.

_ 틈 2 — 129

    당신과 나 사이의 틈일까.
    아니면 전혀 무관한 이야기가 될까.
    이 시의 끝은 어디까지일까.

_ 남기며 — 237

_ 틈 3   239

    단편적인 이야기들의 전개.
    모든 이야기들은 주관적인 것.
    시간을 살아내는 자의 소설인 것.
    나와 당신의 틈의 이해.

_ 나가며   298

_ 작가의 말   301

들어서며

틈

하얀 백지 위에 놓인 작은 꽃 하나.

불안한 마음이 조금씩 조여 온다.
그 마음의 결을 따라 다시,
틈의 글로 표현을 한다.

'하얀 사람이.'

틈1

나로부터 시작된 모든 것.
선명하게 그어진 나만의 자아의 결.

어떤 것이든 이 시의 모든 것은 진실이며,
나의 틈이었음을.

하얀 사람.
틈1.

틈 1

하얀 사람	012
이곳 : 저곳	013
회상하는	014
시간 속에	015
두 시의 밤	016
존재 이유	017
기도의 시간 : 죽음과 삶의 경계	018
自我 : 나	019
구 깃 구 깃	020
밤이 깊었다	021
외면하다	022
하얀 틈에 쓰러진	023
여름의 시간	024
밤의 시간	025
봄이 왔다	026
꽃바람	027
새벽하늘	028
거울의 미소	029
미움받은 상처	031
이유 불문	032
나	034
불안정한	035
모든 건 꽃말	036

받지 않는 전화	038
길 잃은 아이	040
길 찾은 아이	042
덜렁대는 마음	044
궁색 기억, 소중한 감정	045
두 번째 기억	046
이어진 기억	047
어른이 되어서도	049
그녀들이다	050
나의 걱정, 또 다른 그녀의 걱정	051
이불 빨래	053
틈의 친구	054
경계선 : 두려운 마음	055
불안한 새벽	056
그들의 무덤	058
믿어야 한다	059
나 자신에게 해주고 싶었던 말	061
좁은 문	062
1987년	063
어릴 적 **少年**	064
생존하는 **怡愉**	065
孤고**獨**독의 시간	066

나로부터 시작된 모든 것,

침묵 : 試鍊	068
핏자국	069
찬송가의 시작	070
나의 번복과 그녀의 가출 그리고 사랑	071
피나는 그녀의 노력	074
혼자의 틈	077
몽환의 시간	078
그때 20대	079
재생의 시간	080
읽다, 잃다	081
부재중입니다	083
20살의 틈	085
30살의 틈	086
날 선 시선	087
어려운 사람들	088
말의 비수	090
당신이 가엽다	091
돌아온 시간	092
얽매인다	093
늘 혼자, 걷는다	094
숲과 아스팔트	095
이유와 복종	097
시각과 또 다른 시각	098

벗과 틈	100
사람 타협	101
하얀 백지 위에 나를 쓴다	102
친구의 부재	103
친구의 걱정	105
아쉬운 틈	108
앞집 어르신	109
서로의 가치	110
혼술	111
동이 틀 무렵, 깊은 밤의 재가 된 시간	112
그의 한	115
고삐 풀린 망아지	116
잠들지 못한 7년	117
고독의 대사	118
아름다운 시간들	119
죽었다고 말하지 않아요	121
마무리, 나중에 또	123
사랑하는 틈	124
틈, 하얀 백지 위에 놓인 작은 꽃 하나	125
하얀 사람2	126

하얀 사람

이 세상 어딘가에 끼여 버렸다.
어느 틈인지 모를 정도로 나는 지금을 살아가고 있다.

여기가 어디예요.
나는 무엇인가요.
가끔 나를 잊어버려요.

이곳 : 저곳

어디일까. 나는 어디일까.
나는 어디에 존재할까.
어디에서 나는 왔을까.
어디를 말하는 걸까.

이곳, 저곳을 찾아다니고 있다.

회상하는

잊을 수가 없다.
온전히 기억해내며 살아가는 순간이다.

믿을 수가 없다.
아직도 살아 있다는 생각에 미안하고 고마울 뿐이다.

과거이다.
조금 더 나를 잘 살아내지 못했던 현재에게 미안함이다.

현재이다.
과거를 조금 더 아름답게 만들어 주지 못해서
느끼는 또 하나의 슬픔이다.

하지만 최선을 다했었기에
이로써 괜찮은 오늘이다.

시간 속에

매번 흘러왔지만,
매번 나의 것이 아닌 것처럼 잊어버렸다.

미워져 버렸던가. 다시 사랑했다가.
순간순간의 모든 것들이 점점 희미해져만 갔다가.

아니, 시간 속에 지워져만 가는 나일까.

두렵다. 아프다.
더는 머물지 않는 내가 될까 봐.

두 시의 밤

투명하지가 않다.
어딘가에 잠겨 버린 듯한 마음이 늘어만 간다.

간결하게 목소리를 내어 보지만
그 목소리도 금세 잠겨 버렸다.

내 방안의 작은 창문을 다시 열었다.
차가운 공기가 들어와
이 방안의 감정을 정화해주기를
기다리고 있다.

밤 두 시에 잠들지 못한 채로.

존재 이유

슬픔이 존재하는 이유는
아마도 나를 위한 시간일까,
하고서 물었다.

기도의 시간 : 죽음과 삶의 경계

이 밤을 내게 주소서,
이 낮을 내게 주소서.
모든 시간을 내게 주소서.
나를 다시 살아가게 하소서.
나를 다시 뛰게 하소서.
나를 일으켜 세워 주소서.

깊은 밤이든
뜨거운 낮이든
감정적인 나 자신이든
서늘하게 놓여진 바람이든

살아내고 싶을 때가 있다.
그때는 늘 기도를 하고 있다.
어디에 계실 그분들에게 이 말을 전하고 있다.

나는 아직, 조금 더 살고 싶습니다, 라고.

自我 : 나

숨소리가 거칠어진다.
살아가려는 걸까.
흐릿해져 가려는 걸까.

나의 자아는
살고 죽고를 반복하며 지내고 있다.

구깃구깃

구깃구깃한 모습인 채로 잠이 들어 버렸다.
어디 뺨이라도 한 대 맞은 것처럼
시리고 아픈 감정은 잠들지 못했다.

감정이 구깃구깃 해져버렸다는 말이다.

밤이 깊었다

밤이 깊었다.
영혼은 잠들지 못했다.
이로써 피곤이 더해져만 갈 뿐이다.

모든 게 어려워져만 가는 깊은 밤이 되었다.

외면하다

지나쳤다.
모든 것을 외면했다.
잊어버렸다.
잊으려고 했다.
기억을 잃었다.
마음을 잃었다.
나를 잃었다.
슬픔을 존중했다.
사랑을 믿지 않았다.
이 삶을 부정하고 싶었다.
모든 시간을 지웠다.

사람, 마음, 시간, 사물, 존재, 가치, 진실,
이해, 가족, 나, 타인, 삶, 걱정, 시련, 숨 등.

결코, 외면해서는 안 되는 것들이었다.
그래서 다시 나를 찾고 있었다.

하얀 틈에 쓰러진

세상이 어려워서 다시금 쓰러진다.
이불 안에서 나오지 않고 계속해서 누워만 있다.

문을 두드리는 누군가의 소리에도
무심코 침묵으로 마음을 지킨다.

그 초라한 모습을 조용히 지켜보던
누군가의 눈엔 자연스레 눈물이 맺혔다.

아버지가 있었으면 덜 힘들었을 텐데.
남들처럼 조금 더 괜찮았을 텐데, 라던
누군가의 말이 기억이 난다.

여름의 시간

무더위에 빠지고 싶었다.
혼자서 꾸역꾸역 파란 물결을 찾았다.
사람이 너무도 많았다.
낯뜨거운 햇빛만 존재할 줄 알았다.
하지만 나를 바라보는 낯선 시선도 존재해 있었다.

어려웠다.
모든 게 뜨거웠던 낮이라서.
혼자의 여름이라서.

밤의 시간

방안에 갇혔다.
스스로가 택한 시간이었다.
온전히 나를 가둬둘 수 있는 공간을 늘 필요로 했다.

불을 끄고 작은 등 하나를 켜 놓았다.
창문은 살짝 열어 둔 채로 누워 있었다.
그 상태로 낮의 시간을 다시 기다렸다.

밤이에요. 온전히 혼자가 되며,
스스로 아름답게 빛낼 수 있는 밤이에요.
밤이 아름답다는 말을 당신은 아시는 가요.

봄이 왔다

비염이 심해진다. 점점 숨 막힘이 느껴진다.
다시 병원을 찾았다.

선생님, 저 이러다가 죽을 것만 같아요.
더 이상 숨을 쉴 수가 없어요.

약을 처방받았다.
약국에 들렀다.
그 자리에서 흰 약을 삼켰다.
봄을 삼켰다.

다시 한번 나를 죽여가고,
살리게 하는 봄을 삼켰다.

꽃바람

시간이 지나도 불어요.
향기는 익숙한 듯 여전히 남아요.
잊을 수가 없어서 여전히 모든 계절을 살아요.

다시금 불어올 꽃바람을 기다려요.
나를 기다리는 건가 봐요.

새벽하늘

내려다보는 걸까.
올려다보는 걸까.

어디가 위이며, 아래인 걸까.
누가 먼저 바라보는 걸까.

들켜 버린 걸까.
숨어 버린 걸까.

새벽하늘 아래에서의 모든 것들이었다.

거울의 미소

표정이 늘 굳어 있다.
거울을 보며 미소에 대한 연습을 한 적이 있다.
여전히 웃음 띠는 모습이 어색해서이다.
장애가 있는 걸까. 다들 그러지, 공감 부족이라는 말.
아니다. 어째서 내가 잘못된 걸까.
단지 살아오면서 겪어온 삶의 무게들이
짙어서였을 뿐인데.

거울의 미소였다.
나를 연습한다.
나를 돌아본다.
나를 묻는다.
나를 찾는다.
하나씩 늘어난 주름과 걱정과 생각 사이에서
나를 이해하듯 다시 바라본다.

다시.
조금 더 아름다움을 만들어 낸다.
거울 속에 비친 나의 모습에
가끔은 놀라기도 하지만,
그동안 홀로 버텨왔던 감정적인 모습에
다시금 나를 좋아한다.

그렇다.
나는 나의 거울에 비친 모습을 좋아한다.

미움받은 상처

역시 이런 거라면
바뀌지 않을 거라면
여전히 이어질 거라면.

다시는
이 미운 세상에
눈을 뜨고 싶지 않았던
순간이 있다.

영원히 잠들고 싶은 미움을 말한다.
잠들면 괜찮아질까를 말한다.

이런 거라면
미움받은 거라면
그만하고 싶었다.

세상의 모습들이었다.

이유 불문

변하지 않던 틈.
많은 노력과 시간이 흘러야지만 조금이라도
벌어지는 듯, 바뀌는 듯 움직이는 틈.
그 틈이 늘 어려웠다.

누군가의 틈.
행복의 눈물은 늘 아름다웠고,
슬픔의 눈물은 다시 뜨거웠다.
눈물이 왜 뜨거운지 절실하게 아프고,
슬프고 나서야 알게 되었다.

현실의 틈.
어딘가에 갇혀 버린 듯한 이 감정과 현실.
이제는 무엇도 바랄 수가 없는 이 텅 빈 마음.
생각의 여지는 늘 두고 있지만,
아무것도 변하지 않는 상황들.
그럼에도 불구하고 다시 기적을 바라며
하루하루를 투쟁하듯 살아가는 현실들이 되었다.

슬픈 틈.
지금까지 지나치게 나를 타일렀다.
슬픔 속으로 계속해서 나를 끌어 잡아당겼다.
그리고 그 슬픔을 느끼며 나의 시간을 받아들였다.
언젠가는 이 시간이 다르게도 비추어지기를
바라면서 말이다.

나

불안한 두려움
투명한 소리

없다.
있다.

나의 존재를 말하고 있다.

불안정한

어느 틈에나 껴있던 나였다.
스스로를 옥죄기도 하였고,
때론 과감하게 놓아주기도 하였다.
나의 마음은 늘 불안정하게 흘렀고,
그 마음을 따라 살아가고 있었다.
공평한 것은 아무것도 없었다.
정해진 것도 아무것도 없었다.
살아가면서 인정하며,
정해지고,
실패하듯,
성공하듯.
숨을 쉴 뿐이었다.
그렇게.
나는 아직도 어느 틈에나 껴있다.

그 틈 사이에서, 나는 아직도 헤매인다.

모든 건 꽃말

필연적일까.
운명을 믿어야 할까.
붉은 꽃일까.
하얀 백합꽃일까.

이유의 모든 것,
그건 꽃말이었다.

필연적일까.
이 세상과 나의 시간은 그러할까.

운명을 믿어야 할까.
태어난 이유를,
어느 틈에 생성된 나의 자아를
믿어야 할까.

붉은 꽃일까.
슬픔이 전부일까.
그게 아름다움은 아닐까.

하얀 백합꽃일까.
나의 마음일까. 사라진 마음일까.
다시 찾아야만 하는 마음일까.
어딘가에 숨겨진 마음일까.

받지 않는 전화

울리지 않는다. 먼 곳의 이야기이다.
언제 받을 수 있는 전화일까.
과연 얼마만큼의 시간이 더 걸릴까.

그래서 묻는다.
다시 묻고 또 묻는다.
찾는다.
다시 찾고 나를 찾는다.
모든 시간에 나를 묻고 찾는다.

울리지 않는다.
나의 마음이 잠겨 있다.

먼 곳의 이야기이다.
스스로가 다가서지 못하고 있다.
먼발치의 나를 보는 것만 같다.

언제 받을 수 있는 전화일까.
가늠이라는 것을 생각한다.

과연 얼마만큼의 시간이 더 걸릴까.
반복적인 감정의 상태를 말한다.

길 잃은 아이

두근두근.
새로 이사한 이곳이 나의 집일까.
아파트는 처음이라서 어디가 어디인지 잘 모르겠다.

집에 들어가지 않은 채 밖에서 서성였다.
들어가고 싶었지만 들어갈 수가 없었다.
잊어버렸다.

전부 다 똑같아 보이는 이곳의 모습들.
이 세상이 처음이라서.
어느 통로가 나의 집일까 고민은 하지만,
길을 잃어버렸다.

언제고 그랬다. 다소 기억력이 짧았던 나의 탓인지
잃어버리지 않게 몇 번이고 그 길을 안내받았다.
하지만 이내 다시 잊어버렸다.

그래서 그녀가 잘 보이는 곳에 다시 앉았다.
언제고 나를 다시 찾을 수 있게 그 자리에서
그녀를 온종일 기다렸다.

몇 시간이 흘렀을까.
문득 그녀가 나를 잊은 걸까,
하는 불안한 생각이 흘렀다.

그래서
아직도 나를 찾고 있는 걸 거야,
라며 위안의 주문을 외웠다.

길 찾은 아이

몇 시간이 흘렀는지도 모를 만큼
이미 해는 저물었고 모두가 조용한 가운데
다시 저 멀리서 나를 부르는 소리가 들렸다.
안도의 한숨을 내쉬었다.

- 아들, 집에 안 들어가고 거기서 뭐 하고 있어.
- 엄마 기다렸지. 엄마, 왜 이제 왔어.
- 엄마 퇴근하고 왔지. 아들은 뭐 하고 있었어.

- 길을 잃어버렸어.
 (집을 잃어버렸어)
- 으그, 잘 좀 외워 두라니까.
 잘 봐, 아들.
 여기 첫 번째에서 한, 둘, 셋,
 세 번째가 우리 집 통로야.
 그러니까 두 번 다시는 잊어버리면 안 돼.

- 근데 역시나 엄마가 다시 나를 찾아줄 줄 알았어.
  그래서 고마워.
- 우리 아들은 다 좋은데, 덜렁대서 탈이야.
  나중에 어른이 되어서도 그러면 안 돼.
- 엄마, 노력은 해볼게.
- 아들, 배고프지 어서 가서 밥 먹자.
  오늘은 콩나물국이야.

길을 다시 찾았다.
그렇게 그녀의 틈 안에서 따뜻한 밥을 먹고
고이 잠이 들어 버렸다. 고마웠다.

나의 하얀 사람이었다.

덜렁대는 마음

잘하고 싶다.
모든 것을 차근차근 잘 해내고 싶다.
이곳이 처음만 아니라면,
덜렁대지 않을 것이다.

이곳이 처음이라서 늘 덜렁댈 뿐이다.
실수는 또 다른 이유이다.

궁색 기억,
소중한 감정

어릴 때 마음이 불안정하면
그네에 앉아서 많은 시간을 보냈었다.
그네에 마음을 실어 시간을 지나다 보면,
여러 사람들이 나를 바라보면서
낯선 시선으로 지나치곤 하였다.
마치, 이 아이 곁엔 아무도 없는 것처럼.
그들의 가엾은 눈빛들을 기억한다.

하지만,
나는 늘 그녀를 기다리고 있었던 것일 뿐이었다.
아침에 나갔다가 깊은 밤이 되어서야 돌아오는 그녀를
그네라는 중간 지점에서 늘 기다렸을 뿐이었다.

그렇다. 사연을 몰랐던,
그들에게는 궁색한 기억이었겠다.
하지만 내게는 소중하고
아름다운 기억과 감정이 되었다.

두 번째 기억

현관문을 열어젖혔다.
도저히 집에서만 기다리는 것을 만류하고.
밖으로 나가서 그녀가 걸어 들어오는 길목을 지켰다.

저 멀리서 그녀가 걸어 들어올 때
어두운 밤이 마냥 무섭지 않게.

저 멀리서 그녀가 다시 기쁘게 그 공간을 지켰다.

오늘도 야근하였는가 보다.
그녀에게 닿을 수 있는 연락처는 없다.
단지 그녀의 두 다리가 멈추질 않고
이곳으로 무사히 걸어 들어오기를
기다리는 것이 전부이다.

언제부턴가 시간을 기다렸다.
그 시간에는 늘 그녀가 존재해 있었다.

이어진 기억

몇 번을 왔다 갔다 하였는지 지쳐서
그만 현관문에 앉아버렸다.
여전히 밤은 깊었고 주위는 어두웠다.
그리고 조금씩 조여 오는 마음의 틈 사이로
불안한 감정도 일렁였다.
이미 짙게 내려앉은 이 밤의 끝은
여전히 나를 괴롭히는데 충실한가 보다.

어두운 밤과의 처절한 사투.
그 사투에서 늘 지고 싶지가 않았다.
늘 이겨야만 했다.
내가 지는 순간엔 그녀도 사라지고
없을 것만 같이 느껴졌기 때문이었다.

그래서 끝까지 기다렸다.
이 밤이 무서운 것보다. 추운 것 보다.
그녀가 없다는 사실이 더 무섭고 추웠기 때문이었다.
여전히 그녀가 오는 길목에 서서
기다리고 있을 뿐이다.

다시,
이 밤에 지지 않는다.

살아서든 죽어서든 절대 헤어지고 싶지가 않다.
그녀가 나를 지켰듯이
나도 그녀를 지켜주고 싶을 뿐이다.

어른이 되어서도

가끔 너무 늦는다고 생각할 때면
베란다 창문을 열어 고개를 살짝 내밀어 본다.
밤이 깊었지만,
아직도 아무런 소식이 없는 그녀에 대한 걱정 때문이다.
하루 이틀
아니, 긴 시간을 기다려왔다.
지나서 왔다.

그래서 전화기를 열었다.
어디예요? 왜 이렇게 늦어요?
데리러 갈까요?

그러면 어머니는 늘 그런 말씀을 하신다.
왜 다 큰애가 젖 먹을래? 왜 자꾸 기다려.
엄마 지금 친구와 만나서 이야기하는 중이니까,
나중에 전화하면 데리러 와.

그녀들이다

가장 소중한 존재이다.
잃어버리면 죽어버릴 것만 같은 존재이다.
잃지 않기 위해 오늘도 그녀들의 곁을 여전히 지킨다.

나의 엄마.
나의 누나.

나의 걱정, 또 다른 그녀의 걱정

누나의 목소리가 들리지 않으면
잠을 청하기가 어렵다.
가끔 누나의 귀갓길이 늦어지면
어김없이 밖으로 산책하러 나가곤 하였다.

혹은 저 멀리 떨어져 있을 때도
하루에 한 번씩은 무심코 통화를 했었다.
그렇게 전화를 걸어 별다른 말은 없었다.
단지 확인이 필요했었다.
오늘도 안전하고 아늑한 곳에 머물러 있는지.
오늘 밤도 따뜻한 목소리로 잠을 잘 청할 수가 있는지.

그렇다. 나는 살면서 그녀를 걱정한다.
여전히 그녀가 행복하지 않은 것만 같아 보여서,
무언가 불안한 틈에 껴있는 것처럼 보여서.
그녀를 위해 기도를 한다.
그런데 그녀의 불안함은 나로부터 시작이 되었다.

내가 조금 더 행복해지기를 바라는
그녀의 간절함이 늘 불안하게 만들었고,
그 간절함은 나를 살아가게 하였다.
나의 누나였다.

이불 빨래

늦잠을 자버렸다.
아침부터 그녀가 나를 깨워 보지만
자꾸만 눈이 잠겨 버리는 이 마음은 어쩔 수가 없다.
그렇게 과감하게 한마디만 한다.

오늘은 이만 죽은 채로 지낼래요.

그러자, 조용히 방문을 닫고 나가 버리는
쓸쓸한 그녀의 뒷모습에 다시금 용기를 내어 눈을 뜬다.
마음을 가다듬고 조심스레 일어나 문을 열었다.
그리고 다시 한마디를 던진다.

오늘은 이불 빨래나 할까요.
겨울도 다 지나갔는데
봄이 오기 전에 한번은 해야 할 것 같아요.

이 마음을 바꾸기 위해 애를 썼던 나이다.

틈의 친구

빛이 사라지고 난 어둠.
빛은 있지만, 무언가로 가려진
어두운 그림자.

틈의 친구일까.

경계선 : 두려운 마음

아주 몹시 차갑다.
순간적으로 무너질 수가 있다.
나를 조금씩 잡아먹는 듯한 그 떨림.
경계선이다.

미세한 차이다.
아주 좁고 좁은 시간이다.
산자만이 느껴지는 그 떨림이다.
천사와 악마가 왔다 갔다 하는 틈이다.

불안한 새벽

쓰고 지우기를 반복하다 보면 어느새 새벽이 오고 있다.
무엇을 쓸지 고민하기보단 현재의 감정을 잘 다스려
후회하지 않을 문장을 써야 한다는 마음의 의지가 강하다.
그렇다. 억지로 글을 써서도 안 되며, 또 다른 한 권의 책을
펼쳐 내겠다며 마음을 갈구해서도 안 된다.

작가는 그러한 삶을 살아서는 안 된다.
나는 그렇게 믿는다.
그리고 진실을 알아야만 한다.
겉으로는 멋이 있을 수도 있으나,
속으로는 늘 괴롭고 아픈 게 글 쓰는 삶이라는 것을.

불안한 이 새벽을
여전히 이끌어 나가야 한다는 점에서,
어쩌면 행복할 수도 혹은 저주받은 운명처럼
느껴질 수도 있겠다,
이는, 아는 이만 아는 감정일 수도 있겠다.
그래도 나는 고맙다고 말한다.
불안한 새벽에 나를 다시 만날 수 있으니까.

누구에게나
온전한 시간이라는 말.

그들의 무덤

덮여버린 존재.
숨이 멎은 존재.
흔적조차 없는 존재.
가끔은 무서운 존재.
하지만 다시 찾게 되는 존재.
잊을 수가 없는 존재.

아버지.
삼촌.

믿어야 한다

언제 그녀가 내게 그런 말을 한 적이 있다.
보고 듣지 않은 것은 말하지도 말고,
함부로 판단하지 말라는 것.

살면서 마음과 입을 무겁게 지키라는 말인즉,
늘 마음이 약하고 허둥대는 나를 보며
무게감 있게 지켜주고 싶었던 그녀의 충고였다.

언제 또 다른 그녀가 내게 그런 말을 한 적이 있다.
글을 쓸 때 진솔하게 써야 한다며,
스스로가 경험이 짧고, 많은 시련을 겪지 않으면
쓰고자 하는 글의 발전은 없다며.

현재의 힘듦을 잘 살아내면
언젠가는 큰 경험이 된다는 말인즉,
나의 무기는 그동안 살아왔던 삶이라고
다시 한번 일깨워 주는 그녀의 위로였다.

내가 사는 곳엔 비가 자주 내린다.
봄에는 벚꽃이 아주 예쁘게 피어 있다.
이곳에서의 모든 삶이 시작되었고
아직도 진행 중일 뿐이다.

나 자신에게 해주고 싶었던 말

나,

좋아 보이는 것들에 미치지 말자.
불투명한 것은 흔들리기 마련이다.
그러나 스스로가 투명하고자 노력한다면
언제고 빛은 반드시 발한다.

좁은 문

지나가야 할까.
그만 포기해야 할까.
견뎌봐야 하겠지.
그래야 알겠지.

삶의 틈.

1987년

빛을 위해 내달렸다.
그 빛을 보고 싶었다.
그 빛을 아직도 기다린다.

6월 13일 태어난 그 후로부터.

어릴 적 少年

학생이 학생이면 공부를 해야지,
라는 말을 단 한 번도 들어본 적이 없다.
그런 말보다 사람이 됨됨이가 되라는 말을 늘 듣고 자랐다.

그녀는 자신이 배 아파 낳은 자식들이
죽을힘을 다해 지켜온 영혼들이
어떤 어른으로 살아가는지가 더 중요했다.

돈, 권력, 명예보다.
단 하루를 살아도 사람답게, 사람 냄새나게끔
하루하루를 살아내는 것에 치중하라는 말씀이셨다.

생존하는 怡愉

나를 살아내는 것이 아니다.
그녀들을 위해 살아내는 것일 뿐.

나의 이유다.
나의 틈이다.

孤고獨독의 시간

나를 가두는 시간.

다시,
나를 일깨우는 시간.

저 멀리 깊은 곳에 빠져 버린
나라는 존재에 대해서 깊게 생각하는 시간.
아무렇지 않게 다시 살아가기 위해서
나를 생각하는 시간.

나를 무너뜨릴 수 있는 것은 오로지 나뿐이라는 사실.
무너질까 말까의 반복된 시간.

잊지 않고 살아가며,
잊을 수도 없는 짙은 시간.

그 고독의 틈이 나를 살아가게도 한다.

침묵 : 試鍊

꿈꾸는 듯.
다시 잠을 자는 듯.
아무런 행동조차도 하지 않은 시간.

-

침묵하는 시간
말을 아끼는 순간

핏자국

울긋불긋 부풀려져 있는 나의 핏덩어리들을 외면한다.
생채기는 기본이고, 깊게 파여진 채로 회복할 수 없는
감정의 선도 외면한다.

이미 지우지 못할 핏자국이 되어 버렸으니,
그만 감추듯 외면한다.

찬송가의 시작

나만의 주문을 외우기 시작하였다.
사실 그녀에게 배운 삶의 지혜인 것이다.
말에는 늘 힘이 있다고 믿기 때문이다.
속으로 내뱉든, 겉으로 내뱉든,
그 말에는 진심을 담아야 한다.
헛된 마음으로 내뱉는 말은,
나를 따라다니지 않는다.
말에 진심을 담으면 언젠가는
그 말도 기적처럼 이루어진다.
간소한 차이든, 확연한 진실이든
말의 힘은 믿는 사람의 몫에 있다.

말이 씨가 된다는 말을 나는 잘 안다.
그래서 힘이 들 때면 늘 좋은 말만을 마음에 지닌다.

나의 번복과 그녀의 가출 그리고 사랑

없는 형편에 대학 시험을 보는 데만
백만 원은 쓴 것 같았다.
처음에는 진주로 향했고 그다음은 경주로 향했다.
그리고 서울과 부산을 왔다 갔다 하였으며,
창원이라는 곳에서도 시험을 봤다.
마지막으로 수원을 향했다.

시험의 결과는 다행히도 몇 군데 합격이었다.
하지만 무슨 변덕이었을까.
집으로 돌아와 가만히 앉아서 있는데
이건 아니다, 라는 생각이 들었다.
그래서 며칠 고민 끝에
다시 쓸데없는 말을 내뱉어 버렸다.

저 군대 다녀오겠습니다.
직업 군인 말입니다.
그러자 그녀가 말했다. 무슨 일 있냐고.
아무 일도 없다고 말을 하였다.

당연히 아무 일도 없었다.
단지 지금은 아니다, 라는 마음이 강했기에
일방적인 번복과 통보였다.

그날 밤, 실랑이가 벌어지고 말았다.
그녀가 짐을 싸기 시작한 것이다.
나는 그녀를 말렸다.
하지만 그녀는 나의 번복을 거두지 않으면
언제고 조용할 때 사라질 것이라고 내게 말하였다.

그녀는 늘 그랬다.
자신이 뱉은 말은 분명히 지키는 사람이었다.
영원한 이별을 예시한 것이었다.

그렇다. 자신은 못 먹고 못 배워도
내 자식만큼은 절대 그러고 싶지 않다며.
그런데 그녀는 내게 공부를 하라는 것이 아니었다.
실랑이의 이유는 그러하였다.

대학교 졸업장은 안 받아 와도 된다.
단지, 남들이 하는 것. 그 나이에 할 수 있는 것들을
조금이라도 보고, 듣고, 경험하고 돌아오라는 말씀이셨다.

만약 공부가 힘들어서 그만 포기하고 싶다면
언제든지 괜찮으니 그만해도 된다는 말씀이셨다.
그러니까, 지금은 어미로서 자신의 선택에 따라
움직여달라는 부탁의 말씀이셨다.

그것이 어미로서 자식을 조금 더 행복하게
지켜줄 수 있는 사랑이었다.

피나는 그녀의 노력

언제고 그녀가 내게 이런 말을 한 적이 있다. 나는 나의 어린 시절을 기억한다. 모두가 힘들었고, 아팠던 시절이었다. 내겐 지울 수 없는 기억이 되어버렸다. 그래서 지금껏 열심히 살아왔었는지도 모르겠다. 적어도 자식에게만큼은 내가 못 먹고, 못 배운 삶을 가르쳐 주고 싶지가 않았다. 그래서 나는 안간힘을 썼었다. 매일 같이 속이 쓰리고, 온몸이 부서지는 줄도 모르고 그 삶을 견뎌냈었다. 그러니까, 나는 엄마였다.

젊은 날에 옷 한 가지를 제대로 사 입지 못했던 당신에게 얼마나 미안했는지 몰라요. 오래전 철이 없어 딱 한 번 당신을 외면했던 그 부끄러움에 아직도 가슴에 상처가 난 듯 아파서 눈물을 훔쳐요. 만약에 당신이 없었다면 지금의 저는 이 세상 사람이 아니었을 거예요. 그래서 늘 감사하게 생각하며 살아가고 있어요. 어쩌면 짧을 뻔했던 인생을 길게 만들어 주셨으니까요. 그런데 당신은 이미 많이 늙어 있네요. 젊은 날의 시간을 누군가에게 고스란히 빼앗겨 버린 것처럼 아파하는 당신의 모습이 종종 보일 때면, 그 시간을 되돌려 주고 싶어요. 하지만 불가능한 일이라는 걸 잘 알아요. 그래서 밤마다 기도해요. 사는 동안엔 아프지 말고 건강하게 살다 가기를. 행복한 기억만이 남은 인생이었기를. 하고서 말이에요. 그러니까, 이 짙고 깊은 마음을 알기까지는 당신의 피나는 노력이 있었기 때문일 거예요. 만약에 당신이 어딘가로 가버린다면 저는 어떻게 해야 할까요. 뒤를 따라나서야 할까요. 상상만 해도 이 밤을 견디질 못할 것만 같아요. 그래서 다시 슬퍼지는 밤이에요.

부모가 있다는 것에 감사한 날들이 있습니다. 때때로의 부모는 나를 질타하겠고, 그러다가도 걱정할 것입니다. 열 손가락 깨물어 안 아픈 손가락이 없듯이 말이죠. 그렇듯 부모의 사랑은 진실입니다. 다만, 그 마음을 이해하는 데까지 성숙해질 시간이 필요할 뿐입니다. 그러니까, 나를 지키며 아름답게 만들어 살아가는 존재에 대해 다시 한번 깊게 생각해 볼 시간을 가져보는 것도 좋을 테죠.

-

한번 죽고 나면 어디서 엄마, 아빠라고 불러 볼 수가 있을까요. 자신의 시간을 고스란히 자식에게 바치고서, 지나간 시간에 아파해야만 하는 존재들의 슬픔을 자식들은 알까요.

혼자의 틈

시간을 버리려는 걸까.
시간을 가지려는 걸까.
나는 어디에 있는 걸까.

너그러운 혼자의 틈.
그러나 지나치게 되어 버리면 다시 불안한 틈.
하지만 그 틈마저도 이길 수 있는 자아라면
다시 아름다운 틈.

늘 어딘지 모를 갈림길에 서 있는 틈 사이.

몽환의 시간

알코올을 좋아하지는 않는다.
하지만 가끔은 몸을 적시듯 마실 뿐이다.
몽환적인 시간에 빠져들고 싶은 시간이 있을 뿐이다.
가끔은 맨정신으로 서 있기가 싫어서
약간의 취기를 바랄 뿐이다.

서늘한 공기가 나를 찾아올 때,
슬픔이 아닌 잔잔한 마음이 찾아올 때,
가끔은 취하고 싶다는 생각이 들 때,
이 모든 시간적인 배경에서
나를 잠시 잃어버리고 싶을 때,
조용하게 울리는 불안한 두려움에
잠깐 나를 돌아볼 때,

나는 몽환에 취한다.

그때 20대

발걸음이 떼어지는 곳곳마다
짙은 감정의 결도 울렁인다.

도전일까.
슬픔일까.
불안일까.
기회일까.

재생의 시간

글을 쓰는 시간.
마음을 가다듬을 수 있는 나.
온전치 않은 자아를 꺼내어 이해할 수 있는 나의 틈.

그러니까 치유의 시간.

읽다, 잃다

언제부턴가 다시 책을 읽기 시작하였다.
책 속 세상이 전부라고 생각하진 않지만,
세상의 흐름을 어느 정도는 알 수 있는 것이
진리라고 믿는다.

그렇게 언제고 다시 마음이 불안해지고
생각이 짧아질 때면 다시 책을 펼쳤다.
무슨 말인지 몰라도 읽기를 반복하였고,
나를 들여다보았다.

가끔 그런 생각을 가진다.
책은 틈이 만들어 놓은 인간적인 선물일까.

다시 말해

책을 읽는다는 건 또 다른 나를 찾아가는 과정인 것이다. 나의 자아를 발견하고, 생각의 폭을 넓히며 다양한 사람들과의 감정을 공유하는 것이다. 가끔의 책이 진실이든, 거짓이든 나와 맞는 책을 선택하는 삶이 중요하다고 말하고 있다.

-

부쩍 늘어진 시간에 책을 읽고,
가끔 바빠진 시간에 책을 멀리하고,
전혀 포기하지 않은 읽음의 가치에
사람은 또다시 변한다.

저는 부재중입니다

20대엔 가끔 전화기를 꺼두었다.
길게는 그러질 못했는데,
언제라도 그녀가 찾으면 달려가기 위해서였다.
하지만 가끔 전화기를 꺼두고 싶을 땐
그녀에게 이렇게 알리고 행동을 했다.

- *어머니 배터리가 없습니다.*
- *한두 시간 후엔 도착할 예정입니다.*
- *오늘은 부재중인 날입니다.*

혼자서 자취를 할 수 있는 30대의 시간이 찾아왔다.
우연히 혼자가 되어버렸다.
그때는 전화기의 전원 버튼을 누르지 않았다.
조금 더 멀리 있는 곳에 서로가 있었기에.
무슨 일이 생기면 당장 달려가기엔
시간이 너무 오래 걸렸기에 늘 불안한 나였다.
그래서 켜두었다.

하지만 그녀에게 다시 이렇게 알리고 행동을 하였다.

- 저는 지금부터 글 작업 중입니다. 급한 일이 있으면 전화를 주세요. 일단, 모든 전화는 다 받겠습니다.

서로가 불안하지 않기 위한 배려였다.

20살의 틈

아등바등하던 시간.
무엇이든 하나라도 더 추억으로 만들겠다던 그 마음.
최선을 다해 자신을 지탱하며, 견디며, 살아가던
하얀 사람.

누구에게나 그런 시간.

30살의 틈

자유로운 영혼,
두려운 감정도 잠시.
이제는 성숙해진 하루하루들.

불안하지 않다는 게 아닌,
조금 더 자신을 알기에 세상을 잘 살아갈 수 있는 나이.
아쉬운 틈이 있다면 예전만 같지 않은 육체의 한계점.

그리고 점점 낮아지는 마음의 결.

날 선 시선

점령당해 버렸다.
모든 감정의 시간을 뺏긴 듯하다.
부들부들 떨고 있기도 하다.

날 선 시선을 이겨내야 한다.
그 시간을 확연히 바라보며,
그들의 감정과 나의 감정을 충돌시켜
조금 더 확고한 나를 만들어야 한다.
그게 맞는 것이라면, 그렇게 믿어야 한다.

두려워 마라.
걱정하지 마라.
날 선 시선에.
갈가리 찢기지도 마라.
그들이 틀린 것일 수도.
내가 틀린 것일 수도.
그건 아무도 모르기 때문이다.

- 살아가는 동안엔

어려운 사람들

2년의 세월이었다.
첫발을 내딛는 순간부터 싸한 느낌은
아직도 잊히질 않는다.
그곳의 공기는 아무리 맞아도 어두웠다.
모든 것이 불완전한 것만 같았다.
하지만 그들은 몰랐다. 아니, 알았다.
간혹 자신들이 틀렸다는 사실을
들켜 버리기라도 한다면 더, 더 숨어들었고.
그들만의 시간을 가졌다.
그때서야 알았다.
세상에는 정말 다양한 사람들이 존재한다는 사실을.

그래서 점점 더 그만 끝을 내야 한다는
감정과 생각은 멈추질 않았다.
하지만 이대로 멈추고 싶진 않았다. 무언가 아쉬웠다.
나와는 맞지 않는 사람들이지만 그들만의 사이는 또
맞을 수가 있었으니 또 다른 아름다움을 찾고 싶었다.
그래서 조금 더 지켜보았다.
나와는 달랐던 그들만의 틈을 찾고 있었다.
그들의 틈은 삶일까, 죽어가는 틈일까.
궁금해졌다.

하지만 2년을 끝으로 그만두었다.
이미, 살면서 겪지 않아도 될 상황과 감정을
너무나도 많이 겪었기에 그만두었다.
하지만 그 틈의 시간들이
나를 한층 더 성장케 한 것만은 틀림이 없었다.
그것으로 되었다.

아름다운 작별이었다.

말의 비수

투쟁의 시간이 끝이 나자
한결 가벼워진 마음은 이내 흡족해졌다.

하지만 오래도록 남아 버릴 것만 같은
몹쓸 말의 기억은 떠나질 않았고 시리도록 아팠다.
비수가 되어 꽂혀있었다.

사람은 살면서 너무나도 많은 이야기를 듣는다.
상처의 말이 아니면 좋겠지만,
가끔 가슴 깊이 꽂히는 비수의 말은
영원히 아플 뿐이다.

당신이 가엽다

당신이 가엽다.
내가 가여운 것일까.

주변을 보라. 온전히 당신의 것이 있을까.
나를 보라. 온전히 나의 것이 있을까.

돌아온 시간

집으로 돌아왔다.
가장 먼저 한 일은 자주 걷던 그 길을 걷는 일이었다.
그 시간에 다시 한번 빠져들며
예전에 그 감정의 시간을 되돌리고 싶었다.
사방팔방 벚꽃 나무는 여전히 그대로였다.
아직은 겨울이라 꽃이 피지 않았지만
나의 눈엔 이미 그들의 시간이 온전히 담겨 있었다.

오랫동안 봐왔었기에 기억하는 나의 기억이었다.
그렇게 고향의 시간은 너무나도 아름다웠다.

- 다시 돌아왔다.
- 평온하였다.

얽매인다

가끔은 지나간 틈에 대해서 슬퍼한다.
아니, 늘 그런 시간을 가졌는지도 모른다.
얽매였다. 모든 것들이 아쉬워서 슬퍼서.
아직은 보내고 싶지 않아서.
기억하고 싶어서 온전하게 보내주질 못했다.

살아간다.
모든 것을 지우지 못하고,
기억한 채로 살아간다.
잊으려고 애를 쓰지 않는다.
모든 것을 받아들인 만큼
이미 너무 많은 것들에 얽매여 버렸다.

늘 혼자, 걷는다

변화가 없는 표정
진지하게 받아들여지는 감정
나를 고민하는 시간.

느닷없이 내리는 빗줄기에
영혼이 적셔진 채
다시 나를 받아들이는 시간.

아무도 이 시간을 걷지 않는다.
오로지 나만이 이곳을 걷는다.

시간의 모퉁이에 갇혀 버린 듯.
나만의 시간에 빠져 버린 듯.
헤어날 수 없는 미로에서 나는 헤엄을 치지 않는 듯.
나를 묶어둔 채 그만 나의 잠결에 고이 빠진 듯.

숲과 아스팔트

숲을 걷는다.
산으로 오른다.
그곳에 취한다.

아무런 생각이 없을 땐, 가끔 산으로 향했다.
집 뒤로 조금만 걸어가면 산이 보였고,
그 산의 이름은 '시루봉'이었다.
난 가끔 그 산에 오른다.
간혹 사람의 곁보다 숲의 곁이 간절했는가 보다.
그 숲의 향기는 나를 해독하기에 바빴다.

아스팔트를 걷는다.
사람에 취한다.
상처를 받는다.
미소를 짓는다.

아무 이유도 없이. 목적도 없이.
아스팔트를 걷고 있을 때가 있었다.
그때는 자동차가 없었는데,
버스를 타고 느닷없이 사람이 많은 곳을 찾아다녔다.
때론 낮이었고, 때로는 밤이었다.
많은 사람들이 어딘가 모르게 취해 있었다.
상처를 받은 것처럼. 다시 미소를 띠는 것처럼.
마치, 그들이 깔고 뭉개버린,
냉정하게 차가웠다가 아주 뜨겁게 달궈진
아스팔트처럼.

그들은 늘 그 틈에 갇혀 있었다.

이유와 복종

수없이 묻는다.
그리고 스스로 복종을 한다.
아닌 걸 안다.
하지만 이유를 다시 만든다.
그렇게 복종을 한다.
자신을 잠시 어딘가에 넣어 둔다.
꺼낼 수 없게끔 그 시간을 꺼버린다.

사회의 틈 바퀴에서 가끔은 쓸데없는
이유와 복종을 만들어 내야만 했다.
아닌 걸 아니라고 말도 못 한 채,
자신을 스스로 묶어둬야만 했다.
슬펐다. 아팠다. 그러는 게 아니었다.

그런데도 다시 이유와 복종은 늘 나를 괴롭혔다.

시각과 또 다른 시각

나의 시각은 늘 한정적이었다.
어딘가에 빠지면 그것에만 몰두하게 되었다.
하지만 다른 시각은 나를 받아들이지 않았다.
깊은 밤 어둠이 질 때
혼자가 된 공간 안에서 나의 시각을 펼친다.
가끔 주위 사람들이 묻는다.
요즘 뭐 하고 지내냐는 말이다.
나는 매일 밤 나에게 빠져 있다고 말을 건넨다.
하지만 그들의 시각은 나를 존중해주지 않는다.
알아서 되겠지, 라는 그들만의 시각.
또 다른 틈만이 존재해 있다.
두려웠다, 실패할까 봐.
나에게 실망스러울까 봐.
하지만 나의 시각을 포기하지 않고
여전히 올곧게 바라보았다.
어딘가에 빠지면
그것에만 몰두하는 것을 포기하지 않았다.
마침내 어느 정도 나의 시각을
펼쳐 낼 수 있는 시간을 가지게 되었다.
그리고 나의 시각을 그들에게 다시 보여주었다.
그리고 그들이 하는 말은 그러하였다.

드디어. 해냈구나.

틀렸다. 해낸 것이 아니었다.
원래부터 존재했던 나의 시각을
그들이 받아들이지 않았던 것일 뿐이었다.
그러나 이제라도 나의 시각을 이해해줘서 고마울 뿐이다.

우리는 모두 옳아요.
틀리지 않아요.
상대방의 시간과 감각을
이해하는 삶을 살아요.

벗과 틈

친구가 많았다.
하지만 없다.
있다가도 없는 것이 그들이었다.

모든 것을 내어 준다고 해도
온전히 나를 이해할 수 있는 시간은
그들에게 없었다.

많은 것을 기대하지 않게 되었다.
가끔은 혼자가 되는 것을 택했다.

그런데 잘못이었을까.

살면서 가끔 알게 되는 것들이 존재한다.
그것은 어딘가에서 배우는 것들이 아니다.
단지 살아가면서 느껴가는 것들이다.

사람 타협

모두에게 이해를 바라지 않고 살아간다.
원래부터 사람에 대한 욕심은 가지지 않았다.
정은 많았으나, 굳이 필요 없다고, 신경을 쓰지 않겠다고.
그렇게 마음먹으면 사람들과의 관계는 한결 가벼워졌다.

주위. 주의.
배려하지 않는 것이 아니다.
핑계를 대는 것도 아니다.
그들과의 생각과 내 생각은 다르기에
서로를 존중하며 지내는 것일 뿐이다.
정확한 답을 요구하게 되면 다시 불편해진다.
그래서 타협이라는 게 어느 정도는 필요한 삶이다.

하얀 백지 위에 나를 쓴다

시를 쓴다. 소설을 쓴다.
글을 쓴다. 감정을 쓴다.
나를 쓴다. 타인을 말한다.
세상을 쓴다. 빛과 어둠을 쓴다.
감정을 기록한다.
많은 것들을 쓴다.

–

무언가를 여전히 쓴다.
나를 남긴다. 짙은 순간을 말한다.
시간을 쓴다. 나를 이해한다.

하얀 백지 위에 나를 쓴다.

친구의 부재

무엇이 너를 그렇게 고민하게 했냐고 문자를 남겼다.
그의 부재 속에 나는 다시 한번 문자를 남겼다.
아직도 너의 마음을 흔드는 것은 무엇이냐고 물었다.

답장이 왔다. 요즘은 힘이 없다는 그 말.

다시 한번 물었다. 너무 많이 고민하지 말자며,
이제는 그럴 시간은 지나지 않았느냐며.
나는 고민이 짙을 때, 감정이 흔들릴 때,
나를 묻는다고 말하였다.
선택과 집중에 대해서,
어느 쪽에서도 후회하고 실패할 거라면.
조금 더 나를 옥죄일 것인가
아니면 이해할 것인가에 대해서 말하였다.

다시 답장이 왔다. 그럼 정신과가 왜 있는 것이냐고.

그의 말이 맞았다.
정신과가 왜 있느냐는 그 말이.

어느 순간에도 흔들리는 것이
사람이었기에 정신과가 있는 것이었다.

그래서 다시 한번 물었다.
너의 부재가 끝이 나면,
소주 한 잔에 우리들의 담소를 풀자며.

가끔 기울이는 우리들의 소주는 정신과 의사.
그리고 우리들의 담소는 처방전.

다시 답장이 왔다.
조만간 갈 테니, 연락할 테니.
기다려 달라는 그의 부탁이었다.

친구의 걱정

이제 뭐 할 거냐고 친구가 물었다.
아무것도 하지 않을 거라고 답하였다.
그러자 다시 묻는 것이었다.
뭐 먹고살 거냐고 말하는 거였다.
대충 먹고살 거라고 말을 하였다.

먹고 사는 것이 중요한 시대가 되어 버렸다.
어느 틈에서도 먹고
다시 먹고
살고
이 생존의 생태계를 잊어버릴 수가 없는
틈 바퀴에
갇혀 버렸다.

다시 한번 그가 말을 하였다.
곰곰이 잘 생각해봐야 할 시기이다.
우리는 이제 방황할 나이가 지나지 않았냐는 말인 것이다.
결혼을 포기한 지도 오래전,
누군가를 만나서 사랑을 하기에도 애매한 지금의 감정들.
우리는 지금 그 시간을 걷고 있다.
서른 중반을 지나서고 있다.

걱정하지 않는다고 답하였다.
보릿고개를 지나온 경험의 틈들이 쌓이고 쌓여서
이제는 무엇을 해도 잘 할 수 있지 않냐고 되려 물었다.

세상의 걱정을 짊어질 필요는 없다.
사람의 걱정은 더더욱 그렇다.
죽음이 드리울 때 목숨을 스스로 끊지 않고,
욕심이 많아질 때 그 욕심을 적당히 조절하며
나를 살아가는 것도 중요한 시대가 되어버렸다.

하루하루 먹고사는 것에 치중한다면
인생이 마냥 아름답지만은 않기에
나는 그 시간을 포기해 버렸다.

그래서 나는
아무것도 걱정하지 않는다고 말을 하였다.

아쉬운 틈

나의 친한 친구들은
문학을 좋아하지 않는다.
그래서 가끔은 나도 그들이 싫어질 때가 있다.
함께 문학을 공유하고 나눌 수 있는 친구들이 없다는 것에.
나의 부족함을 알고
성장할 수 있는 원동력이 부족하다는 것에.
많이 아쉬운 소리일 뿐이다.

문학을 공유하고 싶은 친구가 필요할 때가 있다.
종종 나는 나의 문학을 잃어버리기 때문이다.

앞집 어르신

어르신께서 잠깐 자신의 집으로 오라고 하셨다.
그렇게 앞집으로 향했다.
문을 똑똑 두드렸고 네, 라는 소리와 동시에
안에서 밖으로 문이 열렸다. 아주머니셨다.
그 찰나 방안에서 작은 소리가 들려왔다.
그래 안으로 들어오라는 어르신의 말씀이셨다.
그렇게 앞집 어르신 앞에 앉았고
어르신께서 소주 한 잔을 내게 건네시며
이런저런 옛이야기를 늘어놓으신다.
그런데 그런 이야기들이 마냥 싫지만은 않다.
언젠가는 그의 이야기가 귓가에 맴돌아,
나에게 또 다른 일부분이 될 것이기에.
괜찮았다.

**1950년대 그분들의 말씀은 대부분 옳았다.
인생의 세월은 돈으로 살 수가 없었기에.
연륜에서만 전달되는 덕담과 배움이었기에.
감사했다.**

서로의 가치

돈을 주고 살 수 없는 시간들이 있다.
그건 나와 당신의 (틈)일 것이다.

혼술

술이 왜 쓰냐고 물었다.
술이 쓴 이유는 독해서라는 말이었다.
술이 왜 독하냐고 물었다.
독한 걸 마시고 있으니까 독하다, 라고 답했다.
그럼 마시지 않으면 안 되냐고 되려 물었다.
다시, 너는 왜 마시냐고 물었다.

혼술이었다.

동이 틀 무렵, 깊은 밤의 재가 된 시간

아버지는 동이 틀 무렵 일찍이 가셨다.
그리고 아버지는 깊은 밤이 되어서야
하얀 재가 되어 돌아오셨다.

깊은 밤의 시간에 나는
그저 기억이 없는 틈을 가지고 살아가고 있다.
하지만 내가 기억하는 건 그때의 상황을
생생하게 설명해 주시던 어머니의 시간이다.
하얗게 살다간 그 사람의 틈이다.

그날의 기억
어머니께서 아버지는 참 좋은 분이셨다,
라고 말씀을 덧붙이셨다.
아버지가 돌아가시고 장사를 지내는데 한 스님이
지나가다가 한참을 슬피 우셨다고도 하셨다.
그래서 되려 어머니는 물었다고 한다.
스님, 왜 남의 무덤 앞에서 우시나요.

그러자 스님이 말씀하시길.
살아생전 참으로 좋은 분이셨소.
라고 답하였다고 한다.
혹시 우리 남편 아시느냐고 다시 물었다고 한다.
살아생전 만나 뵌 적은 없지만,
울지 않고 통곡하지 않고 지나가면 안 되는
무덤이기에 잠시나마 무릎을 꿇고 이렇게 운 것이요.
라고 답하셨다고 한다.
그 순간 어머니는 말문이 막혔다고 한다.
그리고 어머니는 눈물을 흘리셨다고 한다.

그래요. 저희 남편은 늘 착했어요. 월급을 받아오면 항상 일정 부분이 모자랐어요. 그 이유는 자신보다 배고픈 이들에게 늘 선행을 베풀고 있었기 때문이지요. 그 이유도 모르고 전 매번 남편을 혼내고 그랬던 것이 지금에서야 많이 후회돼요. 그리고 자식들을 늘 아꼈어요. 언제고 아버지로서 당당하게 사는 모습을 가르쳐주고 싶어 했어요. 지켜주고 싶어 했어요. 그런데 지금은 눈을 감고 떠났죠.

한참을 울고 난 후 스님의 말씀은 그러하였다.
동이 틀 무렵 일찍이 나가셨지만
깊은 밤이 돼서야 재로 돌아오셨지만
당신의 가족 곁엔 늘 그분이 지켜 계실 것이기에
너무 두려워하지 마시길 바랍니다.
하늘에서 너무나도 귀하게 쓰시려고 일찍이 데려가셨기에
오히려 다행이라고 생각해주시길 바랍니다.
이번 생이 어렵더라도 잘 살아 내다보면
그 생도 잘 살아 내질 것이니 부디 힘내시길 바랍니다.
그렇게 스님은 그 말씀을 끝으로 저 멀리
유유히 사라지셨다고 한다.
그리고 어머니는 아직도 그 스님이 누구셨고
어디에서 오셨는지 궁금하다고 하셨다.

또 어느 날,
어머니의 말씀은 그러하였다.
죽으나, 사나. 어디에서나 함께 할 것이다. 라는 말.
아버지의 유언이셨다.

그의 한

두 눈을 부릅뜨고, 감지도 못한 채로
잠이 들어버린 가엾은 영혼.
어쩌면 영원히 잠들지 못하는 것은 아닐까 하는 생각에
다시 그가 가엽게만 느껴지는 이 시간.
온종일 누군가의 뒤꽁무니를 쫓아다니느라,
죽어서도 여유가 없는 발걸음은 아닌지.
살아서도 아팠고,
죽어서도 아파야만 했던,
그런 생은 아닌지.

누군가 열심히 살다 고이 죽고 난 후에야
그도 고이 죽어 질런지.
아직도 이곳, 저곳에
자신의 목숨을 두 번 내어놓고
죽은 채로 사는 건 아닌지.

그는 죽었을까,
다시 죽은 듯 살았을까.

고삐 풀린 망아지

이 산, 저 바다,
이리, 저리,
마음을 둘 곳도 없이.
슬피 우는 건 똑같구려.
마치 고삐가 풀린 슬픈 망아지가
떠돌아다니는 격이구려.

잠들지 못한 7년

늦잠을 자지 않았다.
어떠한 상황에서도 아침 일찍 일어났었다.
잠을 깊게 청하고 싶었지만,
그럴 수가 없었다.
이유는 간단하였다.
죽으면 평생 잘 운명일 텐데.
살아서는 잠을 줄여야지.

늦잠이 어려웠다.
늘 슬펐다.
영원히 잠들까 봐.
아직은 아니기에.
열심히 살았을 뿐이었다.

고독의 대사

저 멀리에 있는 나의 마음을 끌어다가
내 앞에 앉혀 놓은 채 말을 걸었고,
자신을 묶어두기도 풀어헤치기도 하였다.

-

나는 나의 것이 아닌데
나의 것은 이미 죽었는데
나는 어디에서 살아 있던 것일까.

-

하루하루가 죽어 있던 나인데
가끔 비치는 그림자도 죽어서 나를 떠나갔는데
나의 체취는 어떤 향일까.
아무도 말을 해주지 않아 다시 죽어 있었다.

외로움의 틈.

아름다운 시간들

시간을 거슬러 올라간다고 하여도
나는 여전히 나일 것입니다.
아무렇지 않게 사는 것이 아닌,
늘 아프듯이 살아 낼 것입니다.
그것이 온전한 삶의 방식은 아닌지
생각하게 되는데 틀리지는 않은 것 같습니다.

-

죽어서는 기억이나 할 수 있을까요.
스스로가 이만큼을 살아내는 데
많은 시간과 노력을 쓴 것을 알긴 알까요.
잊힐까요. 지워질까요.
어떠한 방법으로 나를 잊을까요.
죽음은 늘 아무것도 보이지 않는 어둠으로 만드니까요.
그러니까. 생전에 무엇을 하였는지도 분명 모르는 거겠죠.
하지만, 아름다울 것입니다.

그간의 스스로가 남긴
이유 모를 틈의 시간들이 어딘가를 떠돌아
누군가에겐 기억이 되겠지요.

그래요. 저는 글을 씁니다.
그래서 삶도, 죽음도,
마냥 행복하기만 합니다.

죽었다고 말하지 않아요

어떤 시간을 살아내고 있는 것일까.
유독 유년 시절에는 죽음에 대해서 말하고
늘 고민을 하였던 것 같다.
아무래도 죽음이 내게는 익숙한 단어였는지도 모른다.

그날엔 그녀가 죽어가던 시간과
나도 죽어가던 시간이 전부였는지도.
그래서 더더욱 언젠가는 죽었다고 말을 하였는지도.

이제는 죽었다고 말을 하지 않는다.

살다 보니 살아지는 게 인생이었다는 걸 알아서였을까.
그래서 그녀도 더는 죽고 싶다고 말하지 않는다.
조금 더 오래 살아서 더 많은 것을 누리고 싶다고 말한다.
나도 죽었다고, 언젠가는 죽겠다고, 더 이상 말하지 않는다.
이제는 죽음의 틈을 그리 깊게 내뱉지 않는다.
조금 더 그녀가 많은 것을 누릴 수 있게
나를 잘 살아내는 데 노력하고 있을 뿐이다.

그날에 우린,
이유 없이 죽었다.
그리고
다시 살아내고 있었다.
이젠 살아내는 인생을 만나고 있다.

마무리, 나중에 또

끝을 낼 수가 없을 것이다.
영원히 이어지는 것이다.
이 세상에 내가 없어도
누군가는 그 틈을 살아 낼 것이다.
그래, 틈의 이야기는 나의 이야기로부터 시작해서
타인의 틈을 생각하게 만든다.

살아내는 동안의 이별은 없을 것이다.
죽어서는 나중에 또, 라고 말을 할 것이다.

사랑하는 틈

이유 없이 나를 사랑하라.
생각 없이 나를 밀지 마라.
어느 곳에서든 나를 믿어라.
사랑하는 것만이
나를 지탱하는 유일한 삶의 연속이니,
나를 어디에도 가두지 말아라.

**나의 틈을,
나를 사랑하라.**

나는 꽃이다.

틈,
하얀 백지 위에 놓인 작은 꽃 하나

하얀 백지 그 위에 작은 선을 그린다.
아름답게도 비칠 것이며,
또는 슬프게도 비칠 것이다.
누군가에게는 늘 다르게 보일 것이다.
일정하지 않을 것이다.
하지만
하얀 백지 위에 놓인 것들은 전부 다 꽃이다.
나
이다.

우리는 모두 다 하얀 백지 위에 놓인 작은 꽃 하나.
무엇을 그리고, 쓰고, 말하든 그것은 분명 꽃일 테니.
온전한 나의 틈일 테니.

하얀 사람 2

나는 하얀 사람이다.

그렇게 하얀 백지 위에 놓인
작은 꽃 하나의 이야기를 써 내려갈 뿐이다.

아름답고, 슬프기도 했던
나의 모습을

진실하게 남길 수가 있다면
다행일 테며,

여전히 나의 모습을 써 내려가는
하얀 사람일 테다.

틈2

당신과 나 사이의 틈일까.
아니면 전혀 무관한 이야기가 될까.
이 시의 끝은 어디까지일까.

하얀 사람.
틈2.

틈 2

나와 당신 ... 132
살아나다 ... 133
삐끗삐끗 ... 134
부정확한 진실 ... 135
별일이 많은 사람들 ... 136
겨울 : 바람 ... 137
흩날린다 ... 138
살인 충동 : 사랑 충동 ... 140
나와 당신 2 ... 141
내가 사라졌다 ... 142
검은 물 ... 143
불편한 진실 ... 144
우리는 ... 145
세상의 기억 ... 147
당신의 시간을
가지고 싶습니다 ... 149
시든 꽃의 향기 ... 151
아름다운 기억 ... 152
여행한다 ... 153
틈 ... 154
틈 2 ... 155
후회가 짙어서 ... 156
나쁜 세상 이야기 ... 157

하얀 기억 ... 158
잠 ... 159
사람 냄새 ... 160
목소리 ... 161
어미의 간절함 ... 162
어미의 간절함 2 ... 164
각자의 비밀 ... 165
검은 비닐봉지 ... 166
나와 당신의 이유 ... 169
시와 당신 ... 170
일기예보 ... 171
1960년의 말 ... 173
1957년의 어느 틈 ... 174
1950년 삶과 죽음의 시 ... 175
병든 마음의 틈 ... 176
그가 내게 해준 말 ... 177
나의 걱정을 하는 사람 ... 178
방황하는 마음 ... 181
가을의 추수
그리고 그 사람들의 말 ... 182
활자의 이유 ... 184
계절 안부 ... 185
언니의 마음 ... 186

당신과 나 사이의 틈일까.

그녀의 숨소리	189
전쟁터 같구나	190
세상 이야기	191
국수 한 그릇	193
그녀의 운전기사	195
어려운 말	196
쉬어가세요	197
비의 시간	199
문지방에서의 기다림	200
개인적인 생각	202
돈이 부족한 세상도 살만합니다	203
중독된 삶	205
살아있는 마음에 유서를 써야겠다	206
삶의 노예	208
나의 이야기	209
슬픈 존재들, 어딘가에 존재하는	210
시의 시간	213
꽃이 죽었다	214
눈물 기름	215
실격입니다	216
생각의 여유	217
열대야 사랑, 잦은 외로움	219
사랑	221
짧은 숨소리	222
그녀의 말	223
이 세상 초행길, 길을 잃다	224
사유란	225
나에게 인사	226
고작 41년	227
하얀 기록 (6.25 전쟁)	229
년도, 월. 투쟁의 시간들 과거의 시간들	230
나의 시간	233
하얀 꽃	234
당신을 묻다	235
틈의 마무리	236

나와 당신

이유 모를 불안함
불투명하게 일렁이는 감정의 소리
아름답다가도 다시 침묵으로 지켜지는.

**진실과
거짓의
감정들.**

어느 경계선에 서 있는 나일까.
어느 경계선에 서 있는 당신일까.

그러니까
나와 당신은 연속적인 반복.

살아나다

어느 순간부터 다시 살고 싶었던 걸까.
관심도 없던 것에 관심을 두고 있다.
그건 뭘까.
그때도 이처럼 똑같았는데.
여전히 흔들리고 있었는데.
이게 삶이라는 걸까.

나는 지금 나에게 관심을 주고 있다.

삐끗삐끗

다시 어긋나버린 나의 잠자리.
울긋불긋 다시 부풀어버린
나의 감정적인 눈동자.

점점 일렁이듯
울렁이는 피의 움직임들.

어쩔 줄 몰라 서성이는
이 좁은 방안에서

오늘도 잠들지 못한
타락한 영혼은
슬퍼한다.

부정확한 진실

식물은 고개를 숙이고
사람은 고개를 빳빳이 든다.
아니, 식물은 고개를 들고
사람은 고개를 숙인다.
아니, 아니.
식물과 사람은 고개를 숙이고
식물과 사람은 고개를 든다.

모르겠다,
무엇이 더 아름답고 슬픈지를.

죽어가는 걸까.
살아가는 걸까.

별일이 많은 사람들

뒤척이는 방안,
벽 하나를 두고 조용히 울먹이는.
모두가 잠든 이곳에
혼자서 잠들지 못하는 사람들.

내가 아닌 당신도 그중 하나.

겨울 : 바람

만질 수가 없다.
다시 바람 부는 계절이 찾아왔다.
불안함에 떠는 걸까, 추워서 떠는 걸까.
점점 잠겨오는 작은 목소리는 또 뭘까.
겨울 탓인 걸까, 호흡마저 곤란해지는
숨 가쁜 심장 소리는 왜 이럴까.
겨울바람에 흔들리고 있다.

당신이 걱정되어서.
그게 바로 나여서.

흩날린다

좁은 틀 안에서 흩날릴까,
조금 더 높은 곳에서 흩날릴까.
모두가 알아볼 수 있게 할까.
아니면 조용히 흩날릴까.
아니면 그냥 살아갈까.

흩날린다.
오늘도 누군가는 흩날린다.
상처에,
눈물에,
이유 모를 죄책감에.

어디선가 목소리를 내어 본다.
그러지 마라.
그러지 마라.
아직은 그러지 마라.
그러지 마라.
그러면 안 된다.
그러기엔 너무나도 짧다.
잠시 감정만을 흩날려라.
그리고 난 후에 다시 깨어나라.
그러니 그러지 마라.
그러지 마라.

살인 충동 : 사랑 충동

추운 겨울바람에 송곳니가 껴버렸다.
아작아작 걸어가 조금만 건드려도
금방 쨍하고 깨질 것만 같다.
나의 손이 자꾸만 자기 멋대로 움직인다.
겨울바람에 껴버린 송곳니를 깨버리고 싶다.
그런데 서늘한 바람은 왜 살인 충동적일까.

겨울바람아
나를 다치게 하지 말아라.
나와 관계된 모든 것들은 가엽다.
나는 사랑 충동 자이자.
사망하고 싶지 않은 영혼이다.
나를 너무 사랑한 나머지
나는 지금 살인 충동에 껴버렸단다.

그렇다. 나를 이해하는 것이다.
타인을 바라보는 것이다.
나와 다르지 않게 살아가는
그들의 마음을 느껴 보는 것이다.
사랑으로 모든 것을 다시금 메꾸려는 마음의 짐이다.

나와 당신 2

깊게 고독해지고 나서야
혼자서 상처를 받고 나서야
눈이 빨개지도록 울먹이고 나서야
잠이 들어 버렸던.

**나와 당신의 시간,
틈.**

내가 사라졌다

회사 안에서 나는 로봇이다.
그 누구의 명령도 따르는 로봇이다.
불명확한 발언을 하게 되는 바보이다.
오작동이 필요한 순간들이 너무나도 많다.
그들의 장단에 맞춰서 살아가야 하는 틈의 시간이다.

내가 사라졌다.
무언가의 낯선 언어들이 자꾸만 나를 괴롭힌다.
내가 그들에게 요구하지만, 거절만 당하고 있다.
나의 틈이 사라져 가는 걸까. 어려운 시간이다.

사람이고 싶었다.
명령에 죽고 살고 흘러가는 죽음이 아닌,
사람이고 싶었다. 기계치가 되어 버리고 싶었다.
반란을 꿈꾸고 싶었다. 똑같은 상처를 주고 싶었다.
하지만 다시금 포기해 버렸다.

나와 당신은 사람 기계.
나와 당신은 사람이기에,
슬프다.

검은 물

남들과 다르지 않게 마셔 보았다.
맛이 없었다.
남들 따라 다시 마셔 보았다.
익숙해져 버렸다.

세상의 이야기는 그 속에서 이루어지고 있었다.

술과 담배.

불편한 진실

지루하게 느껴질 테지만,
이 지루하고도 고통스럽기까지도 한
불안함은 덤인 진실한 삶이다.
어디에서 어디로 흘러가는지도 모를
때때로의 시간이 나를 괴롭혔다.

나였다.
당신도 그러했을까.

우리는

우리는 어디를 걷는 걸까.
사막 한가운데 놓여진 모래알처럼
어디로 흩날려 가는 걸까.
시간을 바람이라고 말하며,
모래알을 우리라고 정한다면.
우리는 우리의 존재를
얼마나 부정해야만 하는 걸까.
힘이 없다. 스스로가 없다.
마치, 언젠가는 사라져야만 하는 존재이기 때문일까.

-

모래가 없다.
우리가 없다.
그렇다면 우리의 시간도 없는 것은 아닐까.

그럼에도 걷는다.
수많은 모래 위를 걸어
푹푹 빠지는 상태로 내버려 두기도
혹은 발을 툴툴 털어 빠져나오기도.
그렇게 어딘가로 내달린다.

틈을 살아간다.

세상의 기억

잘난 기억만을 기억하는 세상의 기억.
못난 사람을 기억하지 않는 차가운 기억.

죽어서도 빛나는 기억은 아름다울 뿐.
죽어서도 눈물 흘리는 기억은 그저 외로운 사투일 뿐.

–

살아서는 기억이 날까.
살아서도 점점 기억을 지워가는 기억.
(나의 기억)

세상의 기억은 이렇게
너무나도 이기적인 기억일 뿐.
(죽어간 기억)

잘못된 기억.
모두가 아름다워야만 하는 기억.
소중한 기억.
나무가 늘 존중받듯.
꽃이 늘 아름답듯.
사람도 그러해야만 하는 기억.

세상의 기억은 잘못된 기억.

당신의 시간을 가지고 싶습니다

언제나 살아 계실까요.
무심한 듯 기다려 보지만 점점 멀어져만 가네요.
여전히 당신은 죽어 있네요.

언제쯤이면 당신이 지워질까요.
바쁘게 살아가면 지워질 줄 알았는데
여전히 기억이 나네요.
혹시 어딘가에 살아계신 걸까요.

평생 함께할 수 있을 존재라고만 생각을 했는가 보다.
혼자서 잘 살겠다고 어느 틈에 껴있었는가 보다.
그가 죽고 나서야 나는 슬픔을 다시 겪게 되었고,
사라진 존재에 대해서 생각할 때마다
기억 속에 남은 당신에 대한 그리움과
미안함을 동반한 고통은 나를 찾아올 뿐이다.

그때서야 알았다.
혼자만의 시간은 아무것도 없고
그저 온통 어둠뿐이라는 사실을.

그러니까.
그러한 상황을 겪어야지만 슬퍼하는가 보다.
미련한 사람인가 보다.

하지만 나도 죽어가고 있다.
영원하지 않은 이 세상은
나의 시간도 빼앗아 가는 중이다.
언젠가는 그들의 곁으로 돌아갈 날만을 기다리고 있다.

그때가 되면 당신과의 시간을 가질 수가 있을까.
살아서는 함께하지 못했던 많은 추억을
가질 수가 있을까에 대해서 생각하고 있다.

시든 꽃의 향기

처음으로 받은 꽃이었다.
하지만 꽃이 시들어 버렸다.
나름 작은 병에 담아서 물도 잘 주었고,
햇볕도 쫴 주었다.
늘 자는 방안에다가 두어
건강해, 라며 말을 건네기도 하였지만,
결국 잎은 말라버린 채로 다 부서지고 말았다.

하지만 버릴 수가 없었다.
꽃은 죽었지만,
그 향기는 죽질 않았기에
방안 그대로 두었다.

아름다운 기억

빛이 날고 있다.
눈에서 아른거릴 정도로 나를 잡아당기고 있다.
나는 그 빛을 따라간다.
아름다운 기억이다.

슬픔만 존재하는 틈이라면
이 세상은 죽은 세상일 것이다.
때때로 각자만의 아름다움이 머물렀기에
세상은 아름다운 기억도 한다.

—

당신을 기억한다.
당신의 존재가 아름다움이다.
잊지 말아야 한다.

여행한다

지나간다.
멈출 때가 필요하다.
이유는 묻지 않는다.
단지 떠난다.
단절이 필요하다.
그게 나든, 누구이든.
새로운 것이 필요하다.
그게 나든, 누구이든.
함께하길 원한다.

여행한다.
나를 여행한다.

틈

하얀 백지 위에 놓인 작은 꽃 하나.

나와 당신.

세상.

틈의 세계.

틈 2

하얀 백지이기 때문에
더더욱 아름답게 빛나는 우리들의 시간.
그 하얀 공간 안에 무엇을 채워도 아름답기만 하지.

때론,
그 아름다움을 전부 다 기억하고 싶지만
가질 수가 없어서 잃어버리고,
지워져 버려 눈물을 흘리지.

사람이라는 거지.

후회가 짙어서

나를 불렀다.
시간을 불렀다.
그 틈에 꺼버렸다.
많은 시간이 생각이 났다.
후회스러웠다.
놓쳤다.
많은 것을 버렸다.

실수하지 않았더라면
지금의 나는 더 어렸을 것이다.

많은 실수를 하고
후회가 짙어서
조금 더 어른일 수가 있었다.

그래서 괜찮다.
마음이 괜찮다.

나쁜 세상 이야기

저 어디 백정 하나가 지나가는구려,
저 쌍판도 얼굴이구려,
저 꼬라지 봐라 가엽구려,

왜들 그리 보시오.
다들 살아가는 세상인데.
왜들 그리 말씀하시오.

이 세상은 누구의 것도 아닌데.

없는 사람들의 마음은 상처였고,
있는 사람들의 행동은 자존심이었다.

하얀 기억

살면서 한순간도 당신을 잊지 못했다.
나는 당신의 백지이다.
나의 백지에 당신이라는 줄을 그렸다.
언젠가는 이유도 모른 채 떠나간 당신의
그 마음을 기억했다.

-

때론 지우려 애를 썼다.
하얗게 모든 것을 다시 백지화시켜버렸다.
나는 하얀 사람이 되어 있었다.
하지만 여전히 당신은 나의 백지에 머물렀고,
하얀 한 줄로 남겨져 있었다.

-

지우려고 노력하지 않았는지도 모른다.
점점, 살면서 잊히기를 기다렸는지도 모른다.
그저 하얀 기억이 날아들 땐 당신을 기억할 뿐이었다.

잠

잠을 청한다는 건
나를 위로한다는 것.

잠을 잃어버리지 말았으면 한다.
나에게 휴식을 주었으면 한다.

하지만 온전히 잠을 청해본 지도 오래다.
어느 틈에 껴버린 나의 불안은
여전히 잠을 설쳐대고 있다.

불면증인 걸까.
아니다. 삶이 아파서이다.

사람 냄새

가장 좋아하는 말이 있다.

사람은 사람 냄새가 나야 한다는 말.
당신이 사람 냄새가 나는 사람이기를 바란다.

때때로 세상의 악취가
당신을 탐험하듯 감싸 안아도

당신은,
그곳에서 다시 정신 차려
사람다운 사람이 되기를 바란다.

목소리

듣고 싶은 목소리,
듣고 싶지 않은 목소리.
지우고 싶은 목소리,
지워지지 않는 목소리.

나의 목소리.

어미의 간절함

울지마라 아가야.
울지마라 내 아가야.
네가 울면 이 어미의 마음은 더 찢어진단다.

딸기 하나 사주지 못해 울던 어미가 있었다.
딸은 딸기가 먹고 싶어서 어미에게 말을 하였지만,
어미는 그 딸의 뺨을 때리고 말았다.
딸은 그 자리에서 울었고, 어미는 냉정해져 있었다.
어미도 마음은 아팠지만,
냉정해지지 않으면 안 되는 형편이었다.
그리고 어미는 다시 딸에게 말하였다.
딸아, 그 돈으로 우리 온 가족 먹을 수 있는
콩나물을 조금 더 사면 안 될까.
딸의 울음은 그치질 않았다.
어미의 냉정함도 지지 않았다.

그랬다. 어미는 늘 배고픈 딸을 위해 잠깐의 달콤함이 아닌,
몇 날 며칠 함께 먹을 수 있는 것에 조금 더 간절해 있었다.

콩나물을 검은 봉지에 담고,
딸의 손을 놓지 않은 채,
딸은 여전히 울고 서 있는 채,
어미의 마음도 아픈 채,
그 둘은 집으로 돌아왔다.
그리고
혼자가 된 어미는 방안에서 조용히 울었다.

왜 하필 이 험난한 세상에 태어나게 하여서
이런 고생을 시키는지.
이 어미는 죽을 만큼 아프구나.
그렇게 그날의 어미는 죽어 있었다.

모든 부모의 마음이 그렇다.
어쩌면 당신과 어머니의 틈일 수도 있다.

어미의 간절함 2

고이 잠든 이 아이들을 지켜주세요.
나는 어떻게든 괜찮으니 이 아이들을 지켜주세요.

제발 고등학교만이라도 졸업시킬 수 있게 도와주세요.
그때는 가자고 한다면 어디든 따라갈 테니,
지금은 살려주세요.

어미는 잠든 아이들의 이불을 덮어주고,
얼굴을 매만졌다.
그리워질까 봐. 혼자가 될까 봐.
그리고 그 옆에 피곤한 듯 누워 아이들의 곁을 지켰다.

밤은 깊어져만 갔다.
시간이 역주행하듯, 밤도 그들을 지켰다.

각자의 비밀

웃고 싶어도 웃지 못하는 사람.
살다 보면 그런 모습도 존재하게 되는,
어느 나의 틈.

말할 수는 없고,
보여주고 싶지 않은 표정은 더더욱.
그렇기에 말할 수가 없는 각자의 비밀.

검은 비닐봉지

검은 봉지가 귀한 시절이 있었다.
검은 봉지는 만병통치약처럼
모든 것을 담기에 부족하지 않았다.

오늘은 이 봉지를 쓸까, 내일은 저 봉지를 쓸까.
오늘은 조금 더 깨끗한 봉지를 써야겠다.

-

책가방이 없던 아이들은
비닐봉지에 책을 담아 오늘도 학교에 간다.
여전히 슬프지만 다른 방법이 없다.

세상이 그랬다. 아니 여전히 그러하다.
가난의 슬픔을 겪는 아이들의 고통은 비밀 봉지였다.
비밀 봉지가 곧 비닐봉지였다.

어머니는 아이들의 가방이 너무 비싼 나머지
당분간은 책가방을 사주질 못했다.
몇 년을 사주지 못한 것이다.
배우지 못해서 아이들의 마음을 모르는 것이 아닌,
그 돈이면 조금 더 배불리 먹을 수 있는 것에
신경을 써주고 싶었다.
그 순간의 선택에 있어서 어느 것을 택하더라도
아이들에게는 상처였을 테지만.
어머니는 먹을 것을 조금 더 택했다.
책이야 들고 다니면 되지.
물론 상처는 되겠지만 배고픈 것보다는 낫겠지.

그런데 모두가 행복한 세상은 존재하는 걸까.
아마 없을 것이다.
단지 누군가 마음을 더 갈구하는 세상에
사랑하는 가치에 대해서 사랑하는 존재에 대해서,
각자가 생각할 때
서로의 마음이 행복한 순간이 있지 않을까.
그것이 때론 상처의 시선이어도,
결국엔 아름다운 시간이지 않을까.

하지만 아이들은 괜찮다고 말을 한다.
옆에 살아 계셔 주시는 것만으로도 감사한 일이라며.
어머니의 슬픈 마음을 달랜다.

나와 당신의 이유

다른 건 필요가 없다.
어떤 것이 진실이고, 거짓이든
나와 당신이어야만 한다.

이 세상에 나와 당신보다 중요한 것은 없다.
나와 당신이 없는데 어째서 다른 시간이 존재할까.

시와 당신

시는 이해하는 것이 아니다.
시는 이해할 수 없는 것이다.
시는 감정을 담은 것이다.
시는 누군가의 시간이다.

시는 당신이다.
시를 이해한다는 것은
당신을 받아들이는 것이다.

일기예보

여보소,
오늘은 비가 온다니
마루에 앉아서 그만 고기나 구워 먹자구려.

—

여보소,
오늘은 비가 온다니.
마루에 앉아서 그만 고기나 구워 먹자구려.

—

여보소.
아까 제가 한 말은 기억하오.

기억이 점점 사라지시는가 보다.
그들의 시간이 점점 사라져가는 걸까.
그들의 말을 듣고 있으면
왠지 모르게 가슴이 아파져 올 뿐이다.
그리고 가엽다.
눈물이 눈가를 적시어 달아나고 싶을 뿐이다.
그렇다. 슬픈 감정이다.

—

제가 금세 가서 장을 봐올게요.
우리, 오늘 저녁엔 고기나 구워 먹어요.

1960년의 말

콩 한 말에 돈이 얼마인지 아냐고 내게 물었다.
나는 모른다고 말을 하였다.

이 콩으로 우리 온 가족이
먹는 것이라고 되려 말하였다.
말인즉, 예전에는 이 콩도 없어서
못 먹고 살던 시절이 있었다고 한다.

그래, 내가 어릴 땐 이 콩을 먹고 살았다.
그래서 아직도 음식은 소중한 것이다, 라고 여긴다.
그들의 피와 땀의 시간을 소중히 여긴다.

고마워요. 이모.

1957년의 어느 틈

울고 있다.
방바닥에 앉아서 울고 있다.
다가설 수 없는 그 슬픔에
아이는 저 멀리서 바라만 보고 있다.

-

울부짖는 소리는 마치
다가오지 마, 라고 소리를 치고 있는 듯하다.
어쩌면 나를 부둥켜안고 울고 싶다고
말을 하는 듯하다.

**지금의 그녀는 이러지도 저러지도 못하고 있다.
단지 버틸 수 있는 기도로 살아가고 있다.**

1950년 삶과 죽음의 시

산다는 것이 어찌 이리도 가혹한지
나는 살면서 알았다.
죽는다는 것이 어찌 이리도 고통스러운 건지
나는 버티면서 알았다.

*'내가 없으면, 이 가족들은 어떻게 살아갈까.' 하고
아파하던 그의 말이었다.*

병든 마음의 틈

살 만큼은 살았구려.

몸은 병들고
마음은 녹슬고
잠은 줄어들고
생각은 많아지고.

남은 생을,
어떻게 다시 살아갈지 고민이구려.

그가 내게 해준 말

뭐든 열심히 해라.
그러면 좋은 날이 있지 않겠냐고 말하던 사람이다.

그 사람의 모습이 없어질 것만 같은 상상을 하면 눈물이 흐르려고 한다. 시간은 영원하지만, 사람은 영원하지 못하다는 사실에 마음이 찢어지고 있다. 어설프게 태어나 어설프게 다시 죽어가는 이 연약한 영혼이 어찌 축복받은 사람일까 하고서 되려 묻는다.

나의 걱정을 하는 사람

여보소.
우리 아좀 잘 좀 부탁하구려.

-

여보소.
빨리 가서 좀 알아보소.

-

여보소.
내 조카 다 죽어간단 말이오.

-

여보소. 절대 안 됩니다.
그건 우리 아를 위해 꽁꽁 묶어 놨다가
우리 아가 써야 합니다.

그렇다. 자신이 낳은 자식도 아니면서 친자식처럼 나를 챙기는 사람이 있다. 언제고 그녀가 죽으면 나의 또 다른 엄마라고 가르쳐주며 손짓을 하던 그 사람이다.

―

이 이모의 소원이 뭔지 아나?
나는 우리 기현이가 언제고 한번은 잘살아보는 게 소원이다. 이렇게 착하고 마음이 여린 아이인데 어찌 하늘은 무심한지 이렇게 슬프고.

그런데 기현아, 걱정 마라.
언제고 힘들면 이 이모한테 후딱 다녀가거라. 내 주머니엔 언제고 우리 기현이 주려고 꼬불쳐둔 돈이 있다. 몰래 움켜쥐고 있으니 꼭 필요하면 이모한테 갖다 쓰고. 그리고 이 돈은 안 갚아도 되니까. 그러니까 이건 그 누구도 못 준다. 너를 위해 이 이모가 꼬불쳐 준 돈이다. 내 자식들도 서방도 모른다.

언젠가 그들이 사라지고 나면 나는 어떻게 해야 할까. 이 병 들고 그리운 마음으로 어떻게 다시 살고, 그들을 찾아야 할까. 그런데 찾을 수나 있을까. 이미 흙으로 돌아가 버렸거늘. 그래서 살아있는 지금도 슬프구나. 나의 걱정만 하는 그들의 삶이 어찌나 고마운지. 이 은혜를 어떻게 다 갚을지. 참으로 어렵구나.

방황하는 마음

집에 들어온 지 몇 분이 지나서였을까.
다시 나갈 준비를 하고 있던 나였다.
종일 집에서 쉬고 싶다며
소리를 질러 댔음에도 불구하고.
어디 정착하지 못해 흔들리는 마음을 안고
공원에 잠깐 들러 주변을 돌고. 다시 주변을 돌고.
그러고도 어디로 가야 할지 몰라서
갈 곳을 잃은 마음과 두 다리는 무겁기만 하구나.

-

살아서는 어디가 나의 종착역이요.
죽어서는 또 어디가 나의 안식처요.
무엇을 해야만 이 허한 마음이 채워진다는 말이오.

-

아마도 흔들리는 중인가 보다.
그렇게 지나가야만 하는 밤인가 보다.

가을의 추수
그리고 그 사람들의 말

우리는 추수하는 계절이 너무 기쁘다네.
돈이 들어오니까.
이 많은 곡식들을 보게.
열심히 일군 한 해의 농사 결과가 아닌가.

-

자네 그렇게 몸을 쓰면 금세 지치고 망가진다네.
오늘 저녁에 골골댈걸세. 천천히 하시게.

-

야야 이제 그만하고 들어가자.
날도 저물어가는데 오늘은 이만했으면 됐다.
그게 무슨 소리예요. 아직 한 시간 정도는 더 할 수 있는걸요. 날도 아직은 밝아요.
야야, 농사일이라는 게 하루아침에 다 할 수 있는 게 아니란다. 어차피 오늘 못하면 내일 다시 하는 게 농사일이란다. 그러니 어서 들어가자. 오늘은 이쯤 하면 됐다.

어떤가, 할 만한가? 요새 젊은이들은 이런 일을 안 하려고 하지. 그런데 자네는 잘 배워두시게. 자네에게는 언젠가 이 삶도 큰 시가 될 걸세. 아름답게 살아가시게.

-

어느덧 소중해져 버린 그 사람들의 말이 되었다.
언젠가는 그 사람들도 틈(죽음)에 빠져 볼 수도,
들을 수도 없는 존재로 되어 버릴까 봐
두렵게만 느껴진다.

자네 오늘 참 수고했네.
자 어여 받게, 이게 농촌의 삶 아니겠나.
막걸리 한 잔 마시고 푹 자는 거지.

그런데, 에고.
죽고 사는 것이 어찌 이리도 가혹한지.
한평생 어렵구나.
나이가 들었다는 이야기지.
이제 관만 짜놓고 준비하면 되는 거지.

활자의 이유

*활자는 나이며,
당신이다.*

*활자는 마음이며,
사랑이다.*

*활자는 이유이며,
존재이다.*

*활자는 세상이자
곧 삶이다.*

계절 안부

어느 계절이든 묻는다.
나는 물든다.

어두운 밤에든
뜨거운 낮에든.

모두가 잠든 그늘이든
다시 혼자 깨어 있는 그물 아래든

이번 계절은 잘 지낼 수 있을까, 하고서.
나를 묻고 물든다.

언니의 마음

언니가 있다.
언니가 있지만,
멀리 있다.
언니가 보고 싶다.
언니는 나를 찾지 않는다.
언니는 살아있다.
어딘가에 살아있다.
언니가 밉다.
언니가 나를 안아 줬으면 좋겠다.
언니가 떠나가지 않았으면 한다.
늘 함께 있었으면 좋겠다.

야, 이년아.
언니가 어딜 간다고 그래.
야, 이년아.
어딜 그렇게 싸돌아다녀. 언니가 있을 때 잘해.
야 이, 우라질 년아.
네가 언니의 마음을 알아. 철딱서니 없는 것.

언니가 법이다.
언니가 아버지이자, 어머니이며.
우리 집엔 언니가 가장이며 둘도 없는 사랑이다.

언니는 늘 동생을 걱정한다.
어디 아프지는 않을까.
어떻게 해야 가정을 조금 더 챙길까.
이 철딱서니 없는 아이를 어떻게 조금 더 잘 지킬까.
강해져야만 한다.
그게 돌아가신 어머니께 들은 말과 언니의 다짐이다.

(언니)
옥수야, 언니가 어딘가에 살아있다는 것만으로도 감사하게 여겨. 언니가 죽고 나면 어디 가서 언니라고 불러 볼래.

옥수야, 어허 언니가 하라면 하는 거지 왜 말이 많아 언니가 하라고 해서 틀린 적 있어?

(동생)
그래 맞다. 언니야, 올해 또 열심히 농사지어서 우리 언니에게 많이 주고 싶다. 그러니 아프지 말고 언제든지 시간 나면 온나. 우리 언니야.

그 둘은 언제나 서로를 걱정하고 그리워한다.
그렇게 남은 생을 살아간다.

옥화.
옥수.

그녀의 숨소리

그녀가 잠들었다.
잠을 청하지 않고,
다시 지켜본다.
그녀가 몰래 떠나가지 않게 이 밤을 지킨다.

–

자다가 죽는 사람들이 있다는 말을 들은 적이 있다.
그렇게 자다가 죽는 사람이 있을까 봐.
매번 그녀의 숨소리를 지켜보는 사람이 있다.

–

그리고 긴 숨을 내쉴 때,
안도의 한숨을 함께 내쉬곤 한다.
그렇게 그녀의 곁에서 다시 잠이 든다.

전쟁터 같구나

후루룩 떨어지는 것은 계절의 낙엽만이 아닌가 보다.
주르륵 떨어지는 건 비인가 보다.
휘리릭 흘러가는 건 사람 마음인가 보다.

사는 이곳이 전쟁터 같구나.

세상 이야기

척박한 세상에 태어나,
가엾은 감정을 가지고 살아가는 사람들.

–

세상은 넓지만, 인사 한번 나누지 못하며 각자의 시간을 바쁘게 지나치는 사람들. 그렇게 얼굴도 모르는 사람이 더 많은 하루들.

–

때론 나의 힘듦과 타인의 힘듦을 조율하기도 하지만,
여전히 이기적인 마음들.

–

착함은 배우는 게 아니라 마음가짐이라는 걸 알면서도
행해지기 어려운 하루들.

고난과 역경 속에
우리는 무엇을 배우고,
가지며, 지키며 살아가는 걸까.

국수 한 그릇

2년간의 타지 생활을 끝내고 집으로 돌아온 내게.
그녀가 한 말은 그랬다.
아들, 국수 한 그릇 팔아 볼까.
왜 갑자기.
그냥 어디 보내지 않고
오손도손 국수 한 그릇 팔아서
먹고사는 건 어떤가 싶어서.
엄마, 내가 어딜 간다고 그래.
그냥 남의 집에 일하러 보내는 게 싫어져서 그렇지.
그런 걱정하지 마. 또 쓸데없는 걱정을.
그런데 그것도 나쁘지는 않은 것 같네.

-

마트에 장을 보러 갔다.
열무김치와 물김치를 담그겠다고 갔었다.
그런데 며칠 전 그녀와의 대화에서 나온 이야기가
생각이 나 국수도 한 개 사자고 했다.
소면이 좋을까, 중면이 좋을까, 어떤 게 더 좋을까.
아니면 메밀국수를 살까.

남의 집에 일하러 가시는 건.
젊은 날의 당신도 마찬가지였잖아요.
저도 그 모습을 보고
얼마나 마음이 아팠는지 아실까요.
아버지가 계셨더라면
당신도 조금 더 편안했을 텐데,
라는 미움이 얼마나 강했는지요.
그래서 가끔은 그런 상상도 했어요.
나중에 내가 크면
당신과 함께 할 수 있는 일은 없을까 하고서.
그런데 어렵더군요.
세상이 어렵고,
무언가를 시도할 수 있는 여유가 없더군요.
그래서 다시 포기하였지요.
그냥 아직은 이렇게 사는 것도
나름 도움이 될 거라고 생각하니.

여전히 시간은 지나가더군요.

그녀의 운전기사

싫다고 말한다.
그런데 나도 싫다고 말한다.
괜찮다고 말한다.
나도 괜찮다고 말한다.

-

혼자 갈 수 있다고 말한다.
둘이 가면 더 좋고 편하지 않냐고 말한다.
코 닿을 데 거리라고 말한다.
어려운 게 아니라고 말한다.

-

거리와 시간이 중요한 게 아니었다.
이미 젊어서 많이 걷고,
시간 속에 낡아 버린 그녀의 무릎을
조금이라도 더 아껴주고 싶었을 뿐이었다.

어려운 말

참, 어렵군요.
모든 시간이
나를 등지고 살아가는 것처럼
느껴질 때도 있더군요.
미운 세상이.

세상이 어렵다고 느껴질 때,
나의 시간이 아프다고 느껴질 때,
무수히 생겨나는 감정들과 불안함은
늘 나를 어렵게 만들더군요.

쉬어가세요

게으름이 짙어져서
아무것도 하기가 싫을 때가 있는데
그럴 땐 그냥 누워서 전화기를 만지거나
혹은 머리맡에 놓아둔 책을 읽는다거나
괜히 전화기가 울리면 전화를 받지 않고
나의 시간을 조금 더 가진다거나.

-

모든 게 뿌옇게 흐려져만 갈 때,
쉬엄[1]을 주곤 하였다.
오로지 나로 안식 할 수 있는 시간을 만들었다.
세상은 살아지는 대로 살아지는 시간도 있겠지만,
때때로 자신만의 선택으로 살아내는 시간도
중요할 때가 있다.

버텨야 할 땐 버티며,
쓰러져야 할 땐 쓰러지며,
다시 일어서야 할 땐 일어서며,
그렇게 쉬엄쉬엄 가야 할 땐 쉬어가며.

---

1) 쉬엄 : '휴식'의 방언 (전남)

쉬는 시간도 누군가에게 배우려고 하지 말았으면 한다.
이미 우린 타인에게서 너무 많은 것을 배워서
나의 것으로 물들였으니.

적어도 나로서 쉬는 시간만이라도
스스로가 정했으면 한다.

비의 시간

눈을 뜨면 내리고 있었다.
눈을 감아도 내리고 있었다.
어디에서든 비는 내렸다.
그 비는 어떤 비가 아니라,
내 안에 잠든 마음의 눈물이었다.

-

시간이 나의 편이 아닌 것 같이 느껴지고 삶의 고단함이 찾아올 때 비는 어김없이 흘렀다. 하지만 냉정하게 서 있겠다고, 그래야만 한다며 나를 버틸 땐, 비는 다시 말라버렸다. 하지만 그 말라버림도 온전한 것이 아니었으니. 나는 슬퍼해야만 했다.

문지방에서의 기다림

차가운 물에 밥을 말고
짭짤한 멸치를 얹힌다.
그리고 입에 꾸역꾸역 넣으면
약간의 배부름이 차오른다.

―

싱그러운 김칫국물을 꺼내어 맛을 본다.
그래 이 맛이야, 라고 흐느낀다.
밥통을 열어 밥을 푸고
꺼내둔 김칫국물에 밥을 말아 버린다.
그리고 입에 꾸역꾸역 넣어두면
다시 배가 차오른다.

찬장을 열어 간장을 꺼낸다.
그리고 밥통을 열어 밥을 푼 다음
간장과 밥을 힘껏 비빈다.
그리고 입에 꾸역꾸역 넣어 둔다.
오늘도 하루 세끼를 잘 먹었습니다, 라고
잊지 않고 인사를 한다.
그러면 낮이 어느새 저녁이 되고 밤이 되어 찾아온다.

-

문지방에 앉아서 밥을 먹었다.
아이의 밥은 늘 그러한 밥상이었다.
그리고 집으로 돌아온 어머니께서는 늘 이렇게 말하였다.
- 저, 오늘도 밥 잘 먹고 잘 지냈어요.

아이는 하루의 시간을 그렇게 버텼던 것이었다.
그 시간의 약속을 잘 지키다 보면,
그녀가 돌아올 밤의 시간이었기에.

개인적인 생각

아직 끝나지도 않았는데
왜 우는 사람들이 많을까요.

모든 것을 다시 시작할 수 있는 시간인데
왜 절망만을 가지려 할까요.

사랑이라는 것도 이별하고 다시 이별하면 할수록
점점 다져지고 사랑의 이유와 가치관도
더 견고해지는데
왜 우리는 아픔이 없는 세상에서만 살려고 할까요.

세상을 잘못 바라보고 이해하고 있는 건 아닐까요.

돈이 부족한 세상도 살만합니다

멀리해야겠어요.
취해버리면 헤어나오지 못하고
이 감정도 느낄 수가 없을 것만 같아서
꼭 성공을 바라지는 않아요.
그렇다고 싫은 건 아니라서
흐름대로 나를 맡겨두어요.

-

많은 것이 부족할 때,
그 감정도 생각하며 사는 건 어떨까요.
부족함에서 배우는 것들이 더 많은 세상이기에
가진 것이 많다면 절대 느낄 수 없는 감정들이기에
오히려 풍족한 삶은 아닌지.

돈은 없지만
마음은 늘 부자였던.
누군가의 삶도 있었잖아요.

세상이 자꾸만 돈을 가르치려 드는데,
때론 멈추어서 더 나은 가치관을
바라보아야 할 때가 있다는 말인 거죠.

중독된 삶

떠나보낸 시간,
한철의 새들이 몇 번이나 이곳을 왔다 갔다 했을까.
계절은 또 얼마만큼 이곳을 변화시켰던가.
푸석해져 버린 모습은 나이가 들어서 그런 걸까.
그땐 이 정도는 아니었는데.

작은 소리에도 놀라서 벌떡 일어나곤 했던 시절이 있었지. 그땐 말이지, 모든 게 긴장의 상태였던 것 같아. 그냥 말이지, 모든 소리가 나를 괴롭히는 듯했어. 하루하루는 빠르게 지나갔던 것 같아. 하지만 세상의 모든 소리는 여전히 느렸던 것 같아. 마치, 나를 계속해서 괴롭히기 위해서였던 걸까. 모르겠어. 그냥 세상의 소리에 취했다거나, 아니면 소스라치게 싫었다거나. 그래서 매일 놀라며 살아가고 있던 거겠지.

아마 세상에 중독이 되어 버린 것 같아.
이 세상은 실수하는 자에게는 자비가 없거든.
그래서 실수하지 않으려 이 삶을 노력하고도 있어.

그렇잖아.
세상은 내가 아니어도 괜찮다던 그 말.

**살아있는 마음에
유서를 써야겠다**

살아서였다. 죽어서는 할 수 없는 일이기에.
살아서만 할 수 있는 순간이기에.
마지막 순간의 낱말을 적는다.

그곳엔 그리움이 짙겠고,
사랑도 짙겠다.

찾아볼 수 있도록 어딘가에 고이 쟁여두고
떠나는 것이다.
이별의 편지이기도 하다.
살아있을 때
누군가에게 보낼 수 있는,

마지막 선물이다.

만족할까.
스스로는 어떠할까.
한번 밖에 주어지지 않을 텐데.
그 순간은 두 번은 없을 텐데.
살아서 딱 한 번의 이유일 텐데.
그렇다.

살아있는 마음일 때,
유서를 써야겠다.

짙고 짙은 날에, 아마도 가을과 겨울의 시점에.
아니, 봄과 여름에 써야 할까.
시간이 나를 인도하고
마음이 나를 이끄는 어느 날엔 나를 써야겠다.
아무도 모르게, 어딘가에 틈틈이 유서를 써야겠다.

그렇게 나는 조용히 사라져 가야겠다.
하지만 내가 남긴 마지막 유서는 영원히 남겨야겠다.

나를 살아냈던 자의 이야기를.

삶의 노예

눈을 떴다.
당신도 나도 눈을 떴다.
그리고 다시 밖으로 향한다.
발걸음이 무겁다.
아무도 돌아보지 않는다.
나의 감각을 들켜 버리지 않았기에.
나는 말하지 않았기에.

–

어젯밤 무슨 일이 있었다.
일이다. 하루종일 일을 하고,
다시 밤에도 일이다.
무슨 일이 이리도 많을까.
삶일까.

나의 이야기

아직은 말하지 않겠다.
말하고 싶지가 않다.
조금 더 시간이 흐른 뒤에 나의 그림자가 사라져갈 때
아니면 용기가 보여질 때쯤 나를 다시 말해야겠다.

-

이 세상에 사연 없는 사람들이 어딨을까.
누구나 각자의 슬픈 사연 하나쯤은 간직하며
살아가고 있다.

당신도 그러하다는 걸 잘 알고 있다.

슬픈 존재들, 어딘가에 존재하는

슬픔을 자각하는 존재들.
여전히 잠들지 못하고 지내는 시간들.
죽었는지 살았는지 알 수 없는 공간에
갇혀 버린 마음들.
우리들.

-

저 살아있어요. 아직도 고이 가쁜 숨을 내쉬어요.
살아가고 있어요. 오늘은 창문에 서리가 꼈어요.
온통 슬픈 뜨거움이 나의 방 창문마저
서리를 만들었나 봐요.

-

환한 꽃이 필 때쯤이면 기쁘게 웃어 보아야 하지만 여전히
침묵인 표정들이에요. 작고 짙은 밤의 공간 안에서만 온전히
자신을 달래어 가는 이유들이 존재해요.

하얀 벽지 속에 갇혀버린 채, 자아를 갈구한 채, 독한 병에 걸려 헤어나오지 못한 채, 여전히 누군가의 그림자들은 그립고 두려워 모습을 감춘 채, 어려운 말과 감정들 사이에 벽을 세워둔 채.

-

저 아직 살아있어요. 포기하지 않아요.
숨을 쉬어요.
온통 핏자국이 선명하지만 괜찮아요.
무슨 고통인지 충분해요.
겪을 만큼 겪었기에 익숙해요.
그래서 조금 더 견뎌내요.
살고 싶어요.
갈구하고 싶어요.
빛을요.
저를요.
저에게도 그런 빛을 말해주세요.

어딘가에 있고, 또 다른 어딘가에는 없는 그런 사람들이 존재한다. 우리는 그런 사람들을 외면하기도 혹은 받아들이기도 하지만 대체로 부정적일 테다. 진중한 시대보다 재미난 시대를 원할 테니까. 하지만 그런 존재들이 있으니, 어딘가를 살아갈 때 그 마음에 비수를 꽂지 않고 살아가기를 바란다. 그 존재들은 당신에게 상처를 줄 수 있는 여력도 없으며 오히려 당신이 상처를 준다면 다시 붉은 핏방울을 뚝 뚝 뚝 흘려줄 테니. 이 말은 나와 당신 사이에 말하는, 슬픈 존재들, 슬픔을 먹고 사는 사람들. 어딘가에 존재하는 상처받은 이야기들이다.

시의 시간

꽃에는 꽃말이 있다.
그리고 사람에게는 시가 있다.
시는 수많은 시간을 일컫는다.

꽃이 죽었다

꽃을 보고도 웃지 못하는 시간.
향기가 나도 모든 게 막혀 버린 마음.
꽃이 죽었다.

눈앞의 아름다움과 향기를
잃어버릴 수밖에 없었던 시간.
존재의 가치를 부정하며
오로지 어둠에 빠져 있던 마음.
겨우 인지하게 된 순간, 죽어버렸던 자아.

내가 꽃이었다.

눈물 기름

이모는 매번 주유소에 함께 가게 되면 돈을 주신다.
꼭 우리 조카에게 해주고 싶다는 이야기인 것이다.
하지만 나는 거절을 한다. 온종일 밭에서 뒹굴고 흙과 땀으로 범벅이 된 그 돈을 쉽게 내 지갑에 넣고 싶지가 않았다.

그래서 매번 거절하였다.
때론 화를 내기도 하였고,
강하게 부인하며 상처를 주기도 하였다.
하지만 진심은 아니었다.
나도 그녀를 사랑했기에 받으면 미안해서 울 것만 같았다.
더욱이 그녀가 언젠가 죽고 나면 나는 그녀가 머물렀던 그 자리에서 따듯한 기억 때문에 나도 죽을 것만 같았다. 아프다 못해 죽도록 그리운 감정을 말한다.

-

그녀의 고통은 나의 고통이었다.
그녀가 배 아파 낳은 자식은 아니지만
늘 마음속엔 또 다른 나의 어머니이다.

실격입니다

당신이 저에게 실격입니다.
스스로 선택한 퇴사였습니다.

사람이 아니라고 생각되는 곳에선
과감하게 행동을 해야 한다.
옳고 그름의 판단을 하지 못하면
언제고 다시 상처를 받을 사람은 나이기 때문이다.

생각의 여유

결국에 스스로가 생각하고 고민하는 만큼
그 삶에 여유가 생기는 것이었어.
마음가짐이 가장 중요했단 사실을 잠깐 잊고
자본주의에 빠져 버린 거지.
어떤 이가 얼마만큼 가지고 산다는 게
부러울 수는 있지.

하지만 나도 그러한 삶이 필요했던 것일까
정도는 생각해 봐야지.
있으면 좋은 게 자본주의라지만
없어도 적당히 살아지는 게 자본주의 역할인 거지.
그러니까 버려, 자본주의에서 빠져나와.
나를 옥죄는 시간을 더는 낭비하지 말고.
스스로가 조금 더 꿈을 꿀 수 있는 틈을 살아가.

틈이 짧아.
우리에게 주어진 시간이 짧다는 말이야.

자본주의에 취한 사람들.
모든 것이 물질 위주로 변해가는 사람들.
인맥과 돈만을 중요시하며,
눈으로만 보여지는 것을 과시하며 살아가는 사람들.
오늘 곧 죽어도 내일의 자본주의를 사겠다며
다짐하는 사람들.

-

필요 이상의 것은 때때로의 나를 망치는 틈이었다는 것을 왜 계속 망각하는 걸까. 생각의 여유가 가장 중요한 시대인 만큼, 이젠 알지 않을까. 돈보다 중요한 건 사는 동안의 나의 시간이라는 것을.

열대야 사랑, 잦은 외로움

이불 안을 뒹굴고 사랑을 말하는 사람들. 그 향기에는 누구나 취하기 마련이지. 아주 두꺼운 겨울 코트를 입은 것처럼 조금씩 차오르는 작은 물방울의 시간은 온몸을 열대야로 만들어 버리지. 그 순간의 주체할 수 없는 욕망은 점점 깊어지고 집착이 되어 정신도 혼미해지지. 시작하지 않았더라면 모를 이 쾌락을 왜 조금 더 늦게 시작을 하였는지 이유 모를 후회를 하고. 하지만 잠깐 눈을 뜬 사이 새벽이 몰고 온 감정 앞에 왠지 모를 그리움이 잦아들기도 하지. 오늘 밤에 만난 그 사람과는 이번엔 두터운 사랑일까, 아닐까. 불안감에서 밀려오는 또 다른 집착은 외로움이지. 이방 가득히 열대야를 만들어 놓은 그 사람의 등이 보고파서 고개를 돌려 보지만 그 사람의 모습엔 잠의 행복만이 비추어 있지. 피곤한 거지 이 열대야를 만들었으니. 그러니까, 그 시간을 깨고 싶지 않은 마음인 거지. 아마 만족할 테지.

그런데 그 시간이 그 사람만의 행복은 아닐지.

이별을 준비하진 않지만,
이별을 늘 생각해야 하는 만남이 있다.

열대야처럼 불타올랐다가 식어 버리지 않기를 바라는 잦은 외로움이 있다. 시간의 공존 속에서 나약한 존재로 태어나 가질 수 있었던 것은 그 순간을 열렬히 사랑하고 이해하는 것. 그래 이게 나였지, 라며 돌아서야 하는 때가 있다.

사랑

사랑은 아름답게 하세요.
나의 존재는 의미 있게 남기세요.
짧은 시간 앞에 상처로 가득한 만남은
아니길 바라는 마음으로 사랑하세요.

짧은 숨소리

아름답게 늙어 가는 모습을 생각할 때,
아름다운 주름, 아름다운 말, 아름다운 행동,
아름다운 생각, 아름다운 이유, 아름다운 삶,
아름다운 나, 아름다운 사랑, 아름다운 이야기.

모든 것을 아름답게만 할 수 있다면,
나는 과연 어떤 선택을 할까.
그런데 아름답다는 건,
아름다운 감정밖에 알지 못하는 것이기에.

안타깝게도 그 무엇도 선택할 수가 없다.
가지려고 하면 다른 슬픔도 찾아오는 게
이 시간의 법칙인 것처럼
나를 흔들어 놓기를 반복할 테니.
그러니 고민을 하는 게 아닌,
받아들이는 것이라고 하던 누군가의 말일뿐이다.
단지, 아름답게 상상할 수 있을 때
그때를 조금 더 흐느껴 가기를 바라는 수밖에.
짧은 생명이지 않은가.

그녀의 말

없다는 것에 익숙해져야 한다던 그녀의 말.
우리보다 더 가난한 사람들이 있다던 또 다른 말.
행복은 우리가 행복한 거라던 그녀의 말.
남들을 부러워하지 말라던 위로의 말.
잠 잘 자고 밥 세 끼 잘 먹으면 그걸로 족하다던
그녀의 만족.
남들이 가진 만큼 가지면 좋겠지만
그렇다고 많은 것을 가질 필요는 없다던 이해의 말.
세상은 가진 것을 지키는 게 더 어려운 법일 테니.
운명처럼 하루하루를 잘 살아내야 한다던 차가운 말.
스스로가 책임질 수 있을 만큼 살아가기를 바라던
충고의 말.

이 세상 초행길, 길을 잃다

가는 길을 아무도 가르쳐 주지를 않았다.
사람으로서 당연히 가야 할 길만 대충 그려져 있었고
그 길은 수학 공식 같은 논리와 답이었다.

어느 시점에선 멈춰 서서 고민하였다.
불안해서 멈춘 것이었다.

누구나 멈춘다.
멈추지 않고서는 안 될 선택의 갈림길에 서 있다.

그런데 아무도 모른다. 알 수가 없다.
안다는 건 모두 다 새빨간 거짓말일 뿐이다.
그래 누구나 초행길이었고
길을 잃을 수밖에 없는 선로에 서 있다.

이 세상(틈)이었다.

사유란

사유야 많다.
어떤 사유는 머릿속을 맴돌고
어떤 사유는 가슴을 쿵쿵거리게 한다.

사유가 많아졌다.
삶에 물음표가 심해졌다는 말이다.

사유란, 살아있는 나 자신의 본질을 말한다.
그 본질은 나를 묻고 답하며 다가서는 것이다.

나에게 인사

나는 잘 계십니까.
어디, 괜찮습니까.
오늘은 어디를 방황합니까.

나는 잘 있습니다.
오늘도 괜찮은지 아닌지 모르겠습니다.
여기가 어딘지 찾고 있습니다.

안녕하시죠.
안녕합니다.
나에게, 나에게.

봄의 실랑이가 벌어지는 계절
그 가운데 우뚝 서 있는 사람.
지난겨울의 큰 시림은 아직도 여운이 남은 채.
온전히 봄을 맞이하기도 힘든 계절.
새로운 시작을 알리는 시간이 왔음에도
여전히 떨고 있는 사람.
어쩔 줄 몰라 스스로 묻던 그 시간.

고작 41년

자본주의

자본주의에 빠지다.
사람에 빠지다.
타락한 걸까.
아니면 쾌락한 걸까.

민주주의

공평한 사회를 말한다.
누구나 공정한 권리를 가진다.
자본주의 속에 민주주의가 있는 것일까.
민주주의 속에 자본주의가 있는 것일까.

고작 41년

우리는 알아야 한다.
고작 41년밖에 되지 않았다는 사실을,
유럽이나 미국의 경우
우리보단 많은 역사의 시간을 가졌음을.

고로 우리의 자본주의와 민주주의는
짧은 역사임에도 많은 발전을 하였음을.
그러나 역사가 짧은 만큼
우리가 더 노력해야 한다는 사실을.

누군가의 눈물과 외침이 이 민주주의를 만들었다.
그들은 땅에 묻혀 울었고
여전히 민주주의를 지키기 위해 살고 있다.
잠들지 않았다.
우리는 그 역사적 인물들에 대해서 여전히 기억한다.
그로 인해 그들이 많은 시간,
틈의 세계를 창조하였다는 것에 고마워해야 한다.

하얀 기록 (6.25 전쟁)

세상은 전쟁이었다.
아무것도 남지 않은 폐허로 변해버렸고, 서로 죽이질 못해서 안달이었다. 우린 무엇을 위해 투쟁하였는가. 도대체 무엇을 위해 이렇게 많은 이들의 목숨값을 치렀는가. 여전히 살아가는가. 그날의 상처는 아직도 곳곳에 남아있다. 그래서 슬픈 사건이다. 우린 그 사람들을 기억해야만 한다. 자신의 삶을 바쳐 지켜낸 오늘날의 자유를. 시간을. 틈을. 우리를.

년도, 월.
투쟁의 시간들
과거의 시간들

민주주의 시대가 들어서기 전,
힘없이 쓰러져만 가던 사람들.
온갖 강압에 견디다 못해 스스로 목숨을 끊기도
탱크가 지나가고
어딘가 모르게 미사일이 날아들기도 한 어둠의 시간들.
그들은 이미 죽고 없다. 사라지고 없다.
어디 깊은 땅속에 묻혀 여전히 자신의 죽음에 관해서
묻고 잠들지 못하는 시간들을 가질 뿐이다.

자본주의 시대에 들어섰다. 중학교, 고등학교 때 배웠던 역사와는 달리 세상은 민주주의로 변하였고, 아직도 진행 중이다. 하지만 물질적 만능주의가 되어버린 듯 여전히 세상은 살기가 어렵다. 세상은 좋아졌지만 살아가는 삶의 감정들은 여전히 어렵다는 것이다.

1950년 그들의 말에 따르면, 그때는 살기가 너무 어려웠다고 한다. 하루하루 살아내는 시간이 고통이었고, 죽기보다 싫었다고 한다. 세상은 늘 어두웠고, 스스로 투쟁하지 않으면 살아 낼 수 없는 시간이었다고 한다. 온갖 패악질과 불법과 주먹이 난무하던 시절 그런 시대가 있었다고 한다.

하지만 1950년대와 1960년대의 그들은 다시 말한다. 예나 지금이나 살기는 죽을 만큼 힘들다고 말한다. 세상은 더 차가워졌고, 깊은 어둠을 띠고 있다고 말한다. 눈에 보이는 빛이 들어오긴 하지만 그 빛 안에는 다시 짙은 어둠이 자리를 잡고 있다고 말한다. 그렇다. 경제가 성장한 만큼 예전만큼의 정과 의리는 사라지고 겉으로 맺어진 관계의 형식들만 존재한다는 말이다. 계약서를 쓰지 않으면 지킬 수 없는 약속을 말한다. 지나온 시간 속에 묻어두었던 이야기를 꺼내어 추억을 안주 삼아 술 한잔하는 시대는 지나갔다는 것을 말한다.

그래,
세상은 여전히 투쟁의 시간들이며 과거의 틈이다.
언제 한 번 불러볼 수나 있을까.
묻고 싶어지는 밤이다.

사람 독립 만세.
세상 독립 만세.

나의 시간

발길을 돌려 움직였다.
촘촘하게 흘러가는 시곗바늘을 바라보며 오늘 하루가 천천히 가기를 바랐다. 시간이 조금만 느리게 가준다면 나의 발걸음도 어딘가를 조금 더 누비고 다녔을 거라며 아쉬워했다.

방황하는 마음이다.
어디에서부터 어디로 가야 할지 몰라서 늘 찾는
무언가의 간절함이다.

나의 시간은 늘 감정적이었다.

하얀 꽃

당신일까.
나일까.
색을 발하다가도
다시금 사라져버릴 우리는 무슨 꽃일까.
가끔 죽음의 두려움을 느끼곤 합니다.
언젠가는 깊은 슬픔을 이해해야만 하는 시간을
알아서일까요.

당신을 묻다

당신은 어떤 시간을 살아가고 있나요.
당신의 틈은 어떠한가요.
아무쪼록 잘 살아가세요.

틈의 마무리

담담하게 하루가 저물어간다.
소란스러운 마음도 깊어져만 간다.
이유가 가득한 하루에 여전히 침묵을 섞어간다.

-

어느 곳에든 있다. 그곳엔 나와 시간(틈)이 포함된다.
감정적일 수 있는 나, 때로는 긍정적일 수 있는 나.
어느 경계선에서든지 나를 잘살아내야 하는 시간이다.

이 시의 끝은 여전히 시작되며,
우리가 멸망하지 않는 한
사라지지 않을 것이다.

-

누군가의 사건, 개요.
시간적인 전개, 감정적인 사실들.
소유하고 싶었던 이유. 아니었던 이유.
이름 모를 필자들의 자서전.
끝나지 않은 연결고리 등.

남기며

불안한 마음이 조금씩 조여 온다.
살아서는 이 마음을 끝낼 수가 없을 것만 같다.
여전히 글을 쓰는 이유이며,
살아가는 시간과 시선이다.

**어느 틈새로 다시 많은 생각과 감정과
사건의 개요들이 떠오른다.**

틈3

단편적인 이야기들의 전개.
모든 이야기들은 주관적인 것.
시간을 살아내는 자의 소설인 것.
나와 당신의 틈의 이해.

하얀 사람.
틈3.

틈 3 _____

1. 이 세계에 다시 눈을 떴다 _____ 242

2. 잠이 들었다,
   깊게 빠져 아무것도 기억나지 않을 정도로 _____ 248

3. 소년이 있다. 오늘도 무심한 듯 살아가는 소년이 있다 _____ 252

4. 세상이 어려운 것인지, 사람이 어려운 것인지.
   세상의 진실을 파헤쳐 가려는 사람들이 늘어만 간다 _____ 254

5. 장마의 시작. 비가 내릴 조짐이 보이는구나 _____ 258

6. 무엇을 가지려고 해도,
   무엇을 떠나보내려고 해도,
   그 무엇도 할 수가 없구나 _____ 262

7. 불시착,
   어딘가에 툭 하니 떨어져서
   생명을 연장하는 연장선의 삶 _____ 268

모든 이야기들은 주관적인 것.

8. 저 애 봐. 저 애는 아버지가 없데.
   그런데 어머니는 있을까   270

9. 세계의 진실을 파헤치듯
   오늘도 무언가에 열심히 몰두하고 있다   276

10. 여름 방학 인사를 하던 그의 모습이 그려진다   280

11. 죽음의 시간   284

12. 삶을 틈이라 말한다.
    시간을 틈이라 말한다.
    나를 틈이라 말한다   286

13. 나를 사랑하는 일에 대해서 고민을 해본 적이 있다   288

14. 두려운 것은 나 자신일 수도 있다   292

01
이 세계에 다시 눈을 떴다.

하지만 아무런 생각 없이 누워만 있다. 움직이는 것을 거부한 채로 이 시간의 틈, 이 공간의 어딘가에 잠시 잠적해버리고 싶은가보다. 시간의 배려, 마음의 이해, 적당한 나와의 타협. 이 모든 것들을 스스로가 정하며 눈을 뜬 상태이다. 아니다, 불안이다. 불안정하게 깨버린 나에 대해서 오늘도 변하지 않을 것만 같은 이 틈에서 나를 위로하고 있다. 그러나 그간 무엇이 그토록 아팠는지 이제는 기억도 나질 않는다. 그저 숨을 쉬는 대로, 살아지는 대로, 마음의 결이 요동을 치고 다시 잠잠해지는 대로, 이곳의 틈을 어떻게든 살아갈 뿐이다. 시간이 없다. 하루하루는 너무나도 빨리 흘러가서 무섭게만 느껴지니까. 그래서 언제부턴가 시간을 세는 버릇도 생긴 듯하다. 그렇게 다시 이 밤에 누워버렸다.

-

이 틈에서 나를 대변하는 사람은 없다. 오로지 나를 대변해 줄 수 있는 사람은 나 자신일 뿐이다. 나를 걱정할 순 있겠지만 나를 안다는 건 표면적일 뿐이다. 하지만 나를 사랑하는 건 각자의 이유이다. 혼자가 될 수가 없다. 여전히 둘이 될 수 있는 공간에 놓여있다. 하지만 혼자이고 싶을 때가 있다. 혼자여야만 오롯이 느낄 수 있는 감정들이 존재하며, 그것을 난 고독과 슬픔이라고 믿는다. 이 세계에서 죽어있는 사람은 없다. 단지 살아가려고 노력하는 사람들이 전부이다. 죽어가는 이유도 살아가려는 또 다른 이유이기 때문이다.

-

잊을 수가 없다. 여전히 잊히질 않는다. 어느 날 소녀는 죽었다. 저 멀리에서 달려오는 차에 치여 죽었다. 그때는 차가운 겨울이었고, 소녀는 야간수업을 마친 뒤 귀가하는 길이었다. 소녀는 달도 높게 떠 있던 것으로 기억한다. 바람의 차가움은 하늘을 찌르던 것으로 기억한다. 그날따라 차들은 더 빠르게 움직였던 거로 기억한다. 그때의 소녀는 적당한 거리에 내려 집까지 걸어갔던 것으로 기억을 한다. 모든 시간이 소녀의 뇌를 찌르기 전의 기억을 말한다. 소녀는 고통 속에서도 미세한 기억을 가지고 있었다. 어떻게든 살고 싶었지만, 소녀는 다시 한번 차에 치이고 말았다. 그날 밤 소녀는 두 번 죽은 운명이 되었고 그 후로 소녀의 모든 기억은 사라져버렸다. 삶이 끝났음을 말한다. 다시는 돌아오지 못할 곳으로 슬프게 떠나가 버렸다고 한다.

운명이 이렇게나 모질다, 라고 느낀 건 그때가 처음이었다. 아마도 그때부터 삶을 이해하기 시작하면서 이 시간의 틈바퀴를 고민하였는지도 모른다. 몇 시간 전만 해도 버스에서 보았던 소녀가 죽었다는 사실이 믿어지지 않았고. 이곳, 저곳에서 소녀의 안타까운 죽음의 소리가 들려오고 있었다. 그 소녀는 중학교 동창생이었고, 대학교에 가기 위해 열심히 공부하는 수험생에 지나지 않았던 것으로 기억한다. 그리고 그 소녀의 죽음이 살아서 내가 본 첫 번째 죽음으로 기억된다. 아직도 생각한다. 그 소녀가 살아있었다면 어떤 어른이 되어있었을까. 아마도 다른 친구들처럼 결혼도 하고 아기도 낳고 재미난 인생을 살았을 거라고 짐작을 해본다. 중학교 때 봤던 그 소녀의 모습은 그러하다. 축 늘어진 체육복을 입고 자신의 발보다 큰 슬리퍼를 신고 계단과 복도 사이를 오가며 나에게 인사를 하던, 머리는 길었으며 색은 갈색이었던, 얼굴은 하얗고 주근깨가 많았던, 눈이 커서 그런지 눈망울은 늘 글썽거렸던. 그 모습을 나는 기억한다. 시간이 짧다. 짧은 낮과 밤을 연속적으로 살아가고 있다. 언제 죽고 살지의 운명도 모른 채 말이다.

우리의 운명일까.

이 세상의 진실은 아무것도 없다. 아니, 어쩌면 있다. 때때로의 사람의 감정과 틈 바퀴의 시간이 정해줄 뿐이다. 살아갈 것인가 혹은 살은 채 죽어 갈 것인가는 늘 자신의 마음에 달려 있다. 어떠한 삶을 지향할지에 대한 무수한 고뇌와 함께 나를 생각해야만 한다. 어른으로서도 불완전한 자아를 가지고 살아가는 사람들도 많다. 그렇다면, 어린아이들은 어떠할까. 더 불완전하다. 그들의 공존을 파괴해서는 안 된다. 서로 이해하고 받아들이며 설득하며 설득당하며 이 틈 바퀴에서 살아남아야 한다. 다시, 죽어가던 소녀를 생각한다. 그 후로 살아있음에 감사해야 한다는 말을 난 기억한다. 그 말을 잊지 않고 노력하는 삶을 지향한다. 무엇을 해도 되는 세상인데, 점점 용기를 잃어가는 사람들이 많아져만 간다. 언제부턴가 그 사실들이 눈에 보이기 시작했다. 당신이 언제 죽고 언제 살지를 정하지 말고 현재를 잘 살았으면 한다. 다시 용기를 가지라고 말해주고 싶다. 가혹하게 들릴 수도 있겠지만 당신도 언제 어디에서 급하게 죽어 갈 운명일지는 아무도 모른다. 그렇기에 살아가는 것을 다시 진중하게 생각하며 살아야겠다. 틈이란, 당신의 시간을 말한다. 그리고 당신의 이유를 말한다.

편지일까, 단편 속으로 사라진 소설일까.
그래서일까.

친하지는 않았지만,
기억 속에 머문 그 시간을 기억하기에
나는 소녀에게 마지막 편지를 쓴다.

그 소녀에게 말한다.

죽어서는 어디까지 가 있고, 살아서의 기억은 온전할지 잘 모르겠지만 만약에 세상의 진실에 다음 생이 존재한다면 그 땐 부디 조금 더 오래도록 행복하게 살다 가길 바란다고 전한다.

그리고
나는 너를 기억한다.

02
잠이 들었다,
깊게 빠져 아무것도 기억나지 않을 정도로.

아마도 이곳은 어둠의 세계이다. 눈을 뜨면 다시 빛을 맞이할 수 있겠지만 당장은 그러고 싶지가 않다. 어둠을 좋아해서가 아니다. 단지 휴식이 필요한 시점이 길어져서 잠시 눈을 감고 있을 뿐이다. 그러나 곧장 알람이 울린다. 마음의 알람일까, 빨리 나를 일으켜 세우려 는 진동이다. 그런데 꿈쩍도 하기가 싫어진다. 오늘은 모르겠다며 나를 이 방안에 가둬 둔다. 하지만 10분도 채 넘기지 못하고 다시 망설인다. 그렇다. 이불을 뒤집어쓰고 깊은 곳에 빠지자며 나를 가두어 보았지만, 세상의 빛이 나를 깨워 버렸다. 불안이다. 날이 밝았다. 그러니 다시 살아서 이 공기를 마시라는 소리인 것이다. 하지만 잠깐의 고민을 하였다. 사는 게 이리도 불안한 거라면 실수를 저질러 버릴까, 이미 늦었는데 더 늦은 세상이면 어떤가 하고서 깊은 고뇌를 반복하였다. 그렇게 나를 다시 한번 죽여가고 있었다. 그런데 그 마음은 실수였을까, 아니면 진심 어린 마음이었을까. 세상에 대한 집착과 아쉬움이 동시에 갈라진 무언가였겠다. 그래서 아직도 사는 게 헷갈릴 뿐이다. 그렇게 세상의 말이 차갑고 불안해서 이내 다시 빠르게 모든 삶을 준비하고 있다. 어떻게든 흘러가겠지라는 마음가짐으로. 이로써 다시 나를 걱정하고 있다.

모든 과정을 겪기 전, 짐작하는 습관은 어쩌면 두려움에서 오는 마음이다. 두려움, 그것은 어디서부터 다시 전해오는 마음일까. 아마도 겪어보지 못한 상황과 여러 감정에서 나오는 불안이다. 우리는 아무것도 겪지 못했다. 기억하지 못했다. 단지 하얀 백지이거나 검은색일 뿐이다. 하얀색에 검은색을 칠한다거나 검은색에 하얀색을 칠해가며 삶을 그려가는 일상일 뿐이다. 그것이 가여운 삶은 결코 아닐 것이며 소중한 것인데 우린 나약한 사람이라서 그때그때의 감정과 상황에 따라 다르게 느껴갈 뿐이다.

-

후유증을 자주 만들어 가며 사는가 보다. 사람들의 행동과 말투를 보면 그렇다. 그건 나 또한 마찬가지이다. 늘 사람들이 어려웠다. 아무리 좋은 기회가 다가와도 나는 그곳에 다가서지 못했다. 늘 타인에게 기회를 넘겨주곤 하였다. 무엇이 되었든 나는 실패한 사람, 후유증을 만들어 낸 사람일 뿐이었다. 극복하려고 하지 않았던 것이 큰 문제였고 방치했던 것은 더 큰 죄였다. 지금에서야 그때의 시간을 되돌아보니 참으로 안타깝다는 생각이 들 뿐이다. 왜 조금 더 나답게 잘 살지 못했을까 하는 생각이 가득할 뿐이다.

어느 순간부터 알았다. 매번 실패할 것이라는 진실을. 나중에 더 아쉬운 마음이 찾아올 것이라는 이해를. 어느 틈에든 나는 후회할 것이라는 마음을. 잘 산다는 건 후회로부터 온다는 인정을. 어떠한 시간을 걸어가더라도 후회는 늘 붙잡을 수가 없다는 사실을. 나약하기에, 사람이라 일컫는다. 우리들의 일상과 그 시간을 관장하는 '틈'이라는 친구를 말한다. 시간이 복잡하다. 다시 출발점을 그려야 한다. 후유증을 자주 만들어 가겠지만 다시 극복해내야만 한다, 아마도 주어진 운명 앞에 성실하게 살겠다는 마음이다. 다들 그렇게 살았으면 좋겠다. 마음이 아프면 후유증에 시달리며, 몸이 아프면 약국을 찾아가며 나라는 자아의 세계와 현실의 세계를 잘 맞추며 살아갔으면 좋겠다.

그렇게 사는 동안,
너무 많은 것을 가지려고 하지도 말고
너무 세상에 취하려고 하지도 말자.

가져도 그만,
가질 수만 있다면 다행인
그런 삶도 살아보자.

불안이 나를 감싸 안더라도
무엇이든 해본 뒤에 아니라면
다시
제자리로 돌아가는 삶,
그런 삶도 중요할 때가 있다는 걸 잊지는 말자.

03
소년이 있다. 오늘도 무심한 듯 살아가는 소년이 있다.

그 소년은 빛이다. 빛으로 태어났기에 빛이라는 이름이 붙었다. 빛이라 불리는 소년의 마음엔 어둠도 함께 머물러 있다. 그래서 그 소년의 또 다른 이름은 어둠의 소년이다. 그 소년은 어디에나 존재하고 어디에도 흩어져 있다. 그 소년이 이 세상을 여전히 지켜나간다. 간혹 무슨 죄를 지었는지 모를 이 세상을 기어코 살아가고 있다는 생각과 함께 존재한다. 그런데 존재하지 않는 존재로 태어났다면, 그대로 흘러갔다면 좋았을 거라는 생각도 떠나보내지 못한다. 구체적인 존재의 가치를 생각할 수밖에 없는 형태로 태어나, 존재 자체로 걱정이 가득한 하루의 연속이다. 그래, 소년이다. 빛과 어둠은 그 누구의 소년이 아닌 우리를 일컫는다.

소년이다.

-

소년을 이해하기란 어렵다. 신비한 존재이기에 어떻게 받아들여야 할지는 아무도 모른다. 단지 소년은 우리였고 우리는 그 소년을 빛과 어둠이라고 불렀을 뿐이다. 그런데 왜 소녀는 등장하지 않는 걸까. 등장하지 못하는 건 아닐까. 아니다. 소년이 소녀이며 소녀는 소년이기도 하다. 빛과 어둠의 공존은 늘 함께 있다. 그렇기에 어느 것도 다르지 않을 뿐이다. 깊게 빠져야 할 생각이라면, 간단하게 생각하길 바란다. 이해하는 것은 끝없는 것이기에, 단지 순간적인 마음으로 받아들이기를 바란다. 애써 소년으로 고쳐 쓴 작가의 마음을 이해하기를 바란다. 우리들의 소녀와 소년은 같다.

곧 당신이다.

–

가끔은 아름답게 살아가는 걸 잊어버려요. 그래서 두렵기만 하죠. 하지만 살아요. 소년은 살아요. 소년이라서가 아니라 살아있기 때문에 살아요. 시간을 내달려요. 하루는 너무 빨리 지나가기도 하지만 그 하루가 쌓이고 쌓이다 보면 행복해요. 그런 시간을 가질 수 있다는 것에 감사한 하루들인 거죠. 아름다운 빛과 어둠인 거죠. 생각해요. 이 시간이 조금만 더 길었으면 하고서 늘 간절히 기도해요.

그리고 이 시간을 사는 내가 멈추지 않았으면 좋겠어요.

04
세상이 어려운 것인지, 사람이 어려운 것인지.
세상의 진실을 파헤쳐 가려는 사람들이 늘어만 간다.

고민 상담소가 늘어났다. 부쩍 고민이 많아졌는가 보다. 아니, 예전보다 좋아진 삶의 형태 때문일까. 조금 더 소통해도 되는 시대의 변화 때문일까. 모르겠다. 어떤 것도 이해하기란 어렵다. 그런데 답을 공존하려고만 살아간다. 이 틈의 세계에 답이 있을까. 그래서 항상 이런 말을 하였는가 보다. 답이라는 것보단, 현재의 감정에 조금 더 진솔하게 다가서야 하는 삶이어야 하지 않을까. 그 감정을 느껴가기 전까지, 혹은 느끼고 난 후의 모습들의 변화는 때때로의 물음표이며 나일 뿐이라며. 이곳, 저곳 오늘도 수 없는 해결사들의 알림이 올라와 있다. 한번은 묻고 싶었다. 이 틈의 바퀴에서 우리를 해결해 줄 수 있는 온전한 사람이 있을까. 완벽이라는 게 있을까 하고서. 그러나 난 단호히 없다, 라고 말한다. 조금 더 세상과 나의 진실에 가까워지고 싶다면, 나에 대해서 수없이 질문을 던지며 틈을 살아가라고 전한다. 그게 살아서는 전부이자 최선이 아닐까 생각을 한다.

한 청년이 있었다. 옆에서 일하던 아르바이트 동생이었는데, 젊은 나이에 대학교도 포기하고 자신의 삶을 공장에서 보내겠다는 이유를 늘어놓았다. 하지만 나는 반대하였다. 당장 그만두라며. 그것이 지금 너의 진실이라면, 넌 잘못된 진실을 파헤쳐 선택한 것이라며. 차라리 조금 더 넓게 살아보면 어떨까 제안하였다. 아무 말을 던진 게 아니다. 공장이 나쁘다는 것도 아니다.

단지 20대 초반의 시간을 조금 더 밝게 지내기를 바랄 뿐이었다. 두 번 살아지는 운명이라면 그대로 흘려보내게 됐겠지만, 한 번으로도 만족해야 하는 삶이기에 그럴 수가 없었다. 그날의 진심 어린 충고가 통했는지, 그 동생은 얼마 뒤 공장 일을 그만두고 호주로 떠났다. 세상의 진실 그리고 자신의 고민을 찾아 떠났다. 그 동생이 떠나기 전, 마지막으로 충고 하나를 더 하였는데.

돈에 묶여 있는 생활을 하지 말라는 것. 그리고 나 자신의 자아를 찾을 것. 그것은 10년이 걸릴 수도 혹은 평생 못 찾을 수도 있다는 것. 대신 빠르면 조금 더 일찍 찾아올 수도 있다는 것. 너의 시간(틈)이 어디까지인지 계속해서 살아보라는 것. 나의 충고 몇 마디 때문인지 동생은 계속 찾고 있었다. 한국과 호주를 왔다 갔다 하며 방황하고 있었다. 몇 년의 시간이 흘렀다. 여전히 가끔의 문자가 온다. 형 잘 지내요. 그래 잘 지내지. 저 이번에는 이런 계획을 하고 있어요. 그 말에 나는 응원하듯 고맙다, 라고 답한다.

―

고민한다는 것은 나에 관한 생각 또는 불만이다. 불안한 감정을 이야기하는 것이다. 그 불안함은 나로부터 시작이 된 것이지, 타인으로부터 시작이 된 것은 아니다. 타인은 나의 삶에 단지 작은 틈일 뿐이다. 전체적인 틈은 오직 나뿐이다. 그렇게 나를 묻고 답하였으면 한다. 나에 대해서 진실을 파헤치기를 바란다. 세상의 진실이 아닌 내 세상의 진실을 파헤쳐서 살아가기를 바란다. 어렵다. 분명 어려울 것이다. 하지만 멈추면 더 고독하고 절망할 것이기에 멈추지 말았으면 한다. 세상의 충고는 때때로 도움이 되지만, 나에 대한 질문은 평생의 지름길이 되기 때문이다.

당신은 어느 틈에서 오늘의 나를 살아갈까요.
살아가는 동안 나의 진실을 파헤치는 데
얼마만큼의 시간을 노력했나요.
아마도 짧은 시간이었겠죠.
우리가 짧은 운명을 타고난 탓이겠죠.
하지만 그 짧음도 소중하게 잘 사용하기를 바라요.
그래요.

이 글을 읽는 당신의 마음을 응원해요.
당신의 시간을 노력해요.
당신의 세상을 믿어요.

05
장마의 시작. 비가 내릴 조짐이 보이는구나.

항상 이 시간이 되면 비가 내렸으니까, 어김없이 다시 비가 내리겠구나. 당분간 이 비는 멈추질 않고 이 작은 도시와 나를 흠뻑 적셔 주겠구나. 그런데 이 많은 비가 또다시 흘러넘쳐 세상 어딘가에 상처를 줄까, 또 다른 걱정이 생기는구나. 하지만 이 장맛비가 너무 좋은 나머지 나는 비를 애타게 기다리는구나. 이기적인 마음일까, 아니면 괜찮은 나일까. 모르겠구나. 첫 비가 오면 가장 먼저 해야 할 일들만 다시 떠오르는구나. 그중 영화를 보러 가야겠구나. 영화를 보러 가는 이유는 비가 내리는 날엔 더 운치가 있어서랄까. 빗속에서만 느껴지는 잔잔한 비의 향 내음이랄까. 딱히 뭐라고 설명을 할 수가 없구나. 그저 첫 비가 내릴 땐 항상 영화를 보러 가는 약속이 생겨버렸으니. 그런데 이것 하나만은 확실하구나.

어느 날은 굵은 장대비가 쏟아져 내렸는데도 우산을 쓴 채 그 비를 뚫고 버스를 타더구나. 영화관에 들어가는 길에 신호등을 두 번이나 기다리다 보니 어느샌가 바지의 밑자락은 흠뻑 젖어 있더구나. 그래도 다행이지, 비가 온다는 이유로 운동화가 아닌 슬리퍼를 신고 나왔으니. 아마도 빗물을 밟아 보고 싶었구나. 잔잔한 비를 만져 보고 싶었구나. 그렇게 내 마음도 달래어 가고 있었구나. 그게 첫 번째 이유였을까.

-

다시 설명하자면, 비가 내릴 때 우산을 쓰고 영화를 보러 가는 시간에 종종 옷이 젖고 축축해지겠지만, 그 상황과 마음의 결들이 비 때문에 아름답고 좋구나. 한 편의 영화를 마치고 나오면 다시 비를 맞고 버스를 타고 집으로 돌아가는 그 짙은 길이 너무나도 희미하구나. 버스 안에서 바라보는 비도 극찬할 영화였는데. 그래서일까. 그 짧은 순간이 더 좋았던 것은 아니었을까.

그러니까, 바람이 있는 힘껏 나를 밀어내고 하늘에는 다시 하얀 비가 억세게 내리는 날이면. 당연하다는 듯이 몸은 젖고, 집으로 돌아와 뜨거운 물에 샤워할 수밖에 없구나. 그 뜨거운 열기에 취한 듯 나를 맡겨두면 기분도 잔잔하게 다시 차오르는구나. 그리고 창문을 살짝 열어 두고 책을 읽는 것도 좋구나. 그래 여기서 두 번째 이유도 나오는구나. 비가 오면 항상 적게라도 무언가에 대해서 글을 쓰곤 했던 나의 모습들. 아무리 깊은 밤에라도 혹은 술자리가 일찍 끝나 집으로 돌아오는 시간에라도 비가 내리면 집에 와서 취기에 나의 글을 썼으니. 그러고 보면 비는 나에게 참으로 고마운 친구였구나. 마냥 고독할 것만 같던 세상에 비까지 나를 적셔주니, 그렇게 다시금 아름답게 빛날 순간을 만들어 가고 있었으니. 자연의 선물이었구나.

자연, 사물에 대한 기억, 그 시간을 살아내며 느꼈던 감정. 어떤 것은 좋았고 어떤 것은 더 희미하게 슬프기만 했던, 그런 것들을 말한다. 누구나 한 번쯤은 그러한 시간과 의미를 생각하며 살아가기 때문에 그 시간을 기록하여 둔다. 부족할지도 모를 이 문장을 애써 고치지 않고 이렇게 남겨둔 이유는 아마, 조금 더 순수해지고 싶었던 이유랄까. 나의 사유였다는 말이다.

나는 비가 좋았으니까.
여전히 비가 내리면 기쁘니까.
나의 슬픔일까.

06
무엇을 가지려고 해도,
무엇을 떠나보내려고 해도,
그 무엇도 할 수가 없구나.

빛이 들어오는 방안에서 글을 쓴지도 어느덧 15년. 빛이 서서히 떨어지는 창가 아래에서 슬픔과 약간의 미소를 지어본지도 어느덧 수십 년, 이곳에서의 삶은 그리 화려하지 못했지만 늘 빛과 어둠의 조합은 화려하였으니. 살아서는 이 방이 나를 대신하고 있는 것일 테니. 만약 어디론가 사라지게 된다면, 이곳을 잊지 못할 것이다. 가사가 없는 음악을 틀어 놓고 이 밤에 기대지 못한 채로 오로지 내 마음의 온정, 그것만을 생각하며 사랑하고 보듬어주는 나의 행위들. 기억하고 싶노라고 남겼던 나의 모든 순간들이 고스란히 이 방안과 가슴에 남았으니. 그런데 아픔은 왜 덤일까. 어떤 것을 해도 아픔과 슬픔은 왜 덤일까. 모르겠다. 어떻게든 정의를 내릴 수가 없는 이 마음의 온도는 살아서는 알지 못할 것이다. 그럴 것이다.

그로 인해 타이핑 하는 이 복잡한 손놀림은 바쁠 뿐이다. 살아서는 나의 무언가를 남겨야겠다며 살아가고 있고, 또 한편으론 마지막 숨소리를 내쉬어 볼 때면 나도 이 움직임을 멈춰야 한다는 슬픔에 젖어 있다. 차가운 바닥의 이유를 과연 내가 죽어서도 알까. 그 마지막 장을 남기지 못하고 죽는다면, 그것이 얼마나 슬픈지 그저 가슴이 먹먹해질 뿐이다. 그래서 살아 숨 쉬는 동안엔 부지런히 글을 써야겠다. 모든 순간의 감정을 남겨야겠다.

살아있음을 느낀다. 단아하면서도 초라한 모습인 채로. 자다가 일어난 부스스한 모습인 채로. 화려했던 낮과 뜨거웠던 밤 사이에서. 한 아이에서 어른이 된 모습인 채로 활자를 써 내려간다. 사람들이 이 글을 읽고 분명 각자 평가 내릴 게 뻔하지만 아름답게 봐주었으면 좋겠다는 마음이 간절하다. 나도 글을 쓰는 사람이기 전에 온전한 한 사람으로서 상처를 받는다는 사실에 지나지 않기 때문이다.

문장의 맥락이 어떻게 되고, 어떤 것이 진실이고 거짓인지. 이건 왜 이렇게 썼는지 이해하지 못할 것이다. 그렇다. 쓰는 나조차도 어느 구절은 잊어버린다. 잊어버린다는 말은 나를 이해한다는 말이다. 단지, 꾸미지 않은, 거리낌 없는 순간순간의 마음을 글로 적어 보일 뿐. 나는 틀리지 않았다는 진심을 말하는 것이다.

생각한다. 과연 내가 죽어서도 나의 글이 살아남을까. 아니면 함께 죽어갈까. 이 작은 방안에서의 삶, 그리고 고독의 연속, 어떤 이의 진실, 마음이 담긴 간절함, 평생 한을 품고 살아온 문장들, 한이 맺혀 있는 활자의 연속은 때론 속사포처럼 빨리 써지기도 하지만 때론 죽어있는 시체처럼 멈춰 서 있는 문장들. 하지만 그런 시간 속에서 여전히 몸부림치며 멈추지 않았던 작은 움직임들. 그랬다. 어떻게 해서든 이어가고 싶었다. 살아서는 작게나마 꼭 이루고 싶은 나만의 간절함. 그리고 언제부턴가 쓰지 않으면 더는 살아갈 이유를 찾지 못했던 그 날의 진실. 그것은 나. 이번 생에 가장 잘 할 수 있는 과정은, 그동안의 삶을 어딘가에 기록하는 것으로부터 시작된 초라한 모습. 그런데 가질 수 있을까. 아무리 가지려고 해도 가질 수가 없는 시간과 감정 사이에서 스스로는 그저 빛과 어둠에 놀아나는 작은 아이였을 뿐일 텐데. 그러고 보면 이 드넓은 우주를 포함한다면 나는 아무것도 아닐 수가 있겠다는 생각들이 흘러가는구나. 단지 내가 할 수 있는 건, 이 시간을 여전히 살아내는 것 이외엔 없겠구나. 그저 운명처럼 맡겨 놓고 살아가야 할 시간에 지나지 않겠구나.

그런데 우리에게는 몇 번의 기회가 주어지는 걸까. 똑같은 시간을 몇 번이고 다시 살아갈 수 있는 운명일까. 아마 있다면, 나는 다시 한 번만 나로서 살아가고 싶구나. 언젠가 죽었다 다시 살아날 수만 있다면 나는 기어코 나이고 싶구나. 아무것도 할 수 없는 이 세상에서 가장 바라는 건 아마도 그 시간들이겠구나. 나의 가족, 나의 주변, 나의 향기, 나의 시간, 나의 마음, 나의 생각, 나의 이유, 나의 방 안, 나의 감정, 나의 추억, 나의 글, 나의 여행, 나의 기억 등을 다시 한 번만 나로서 살아가고 싶구나. 살아서 놓쳤던 모든 것을 다음 생엔 조금 더 잘하고 싶은 마음이구나.

언젠가는 어디론가 잊혀갈 한 사람이 있다. 그렇게 지워져 갈 운명을 대비하듯 그는 여전히 남김을 포기하지 않는다. 만약에 세상이 바라봐 준다면 다행이고 외면한다고 해도 괜찮을 삶을 안내받으며 살아가는 사람이 있다.

07
불시착,
어딘가에 툭 하니 떨어져서
생명을 연장하는 연장선의 삶.

누군가 그런 말을 했던가 아니면 스스로가 그런 말을 했던가. 사람은 한순간의 낮과 밤 같다는 말. 이 세상은 해가 뜨면 살고 해가 지면 죽어가는 이야기들로 가득하다는 말. 그렇게 해는 사람이고 밤은 무덤이라는 덤덤한 이야기들은 덤이구나. 별똥별이 떨어지는 날엔, 우연이라도 바라만 볼 수가 있다면 그건 잠시 잠깐 시간의 멈춤이라는 말도. 어쩌면 아름답게 생각하라는 또 다른 세상의 진실일까.

불현듯 어두운 방 안에서 엎드려 기도하던 아이의 모습이 떠오른다. 간절하게 살아갈 수 있게 도와주세요. 이 세상이 처음이라 잘은 모르겠지만 사는 동안엔 그 누구에게도 상처를 주지 않고 오로지 나로서 이 삶을 묵묵히 지키며 잘 살아갈 수 있게 도와주세요. 그러니까 사는 동안 나의 모습이 헛된 시간은 아니길 바랍니다.

세상 모든 사람들은 불시착이다. 툭 하니 떨어져서 이유도 없이 살아가다가 어느 순간부터는 각자의 이유를 만들어 살아가기 때문이다. 여보, 우리 아이가 태어났어요. 여보, 수고했어요. 여보, 우리 아이가 태어났어요. 여보, 수고했어요. 반복되는 시간들. 그러니까, 서로의 사랑으로 누군가는 태어나고 누군가는 죽어가는 사람들.

—

모두가 한마음으로 사랑하고 이별했던 그들의 사랑.
누군가는 그 아이를 평생 안아 보기도,
혹은 잠깐의 안음과 동시에 이별을 맞이하기도,
사연 없는 사람이 없듯이. 이유가 없는 이별이 없듯이.
그리움은 영원하듯이. 결국에 모든 건 불시착이다.

"아버지가 보고 싶어지는 날입니다."

08
저 애 봐. 저 애는 아버지가 없네.
그런데 어머니는 있을까.

저 애 봐. 집에서 물려준 게 없으니 자동차도 오백만 원짜리 차를 타고 다니지. 저 애 봐. 우리가 괴롭혀도 괜찮겠어. 저 가 가진 게 없는데 별수 있겠어. 만약에 나를 건드리면 넌 집을 팔아도 안 될 거야. 그러니 해볼 테면 해 봐. 저 애 봐. 왜 이렇게 옷이 너덜거려. 옷 하나 좀 사지 그래. 돈이 없는 데 어떻게 사. 빚이 없으면 다행인 거지. 저 애 봐. 못 먹고 자랐으니 먹는 것도 이상한데. 저 사람 봐. 왜 저렇게 살아 갈까. 난 이해가 안 가네. 저렇게 늙어 가겠지. 결국, 초라한 모습인 채로 죽어가겠지. 가진 게 없으니까. 늘 불행하고 힘 들 거야.

-

세상 사람들이 바라보는 시선이 있다. 그건 상처를 주는 시선이다. 자신들보다 부족한 사람이라면 상대방을 내려다보는 못된 버릇들을 가졌다. 그런데 부족하다는 건 뭘까. 가진 게 많은 것을 의미하는 걸까. 아니면 다른 이유인 걸까. 누군가는 일방적으로 조금의 허리를 숙여 잘해 볼 거라고 예의를 표현했지만, 상대방은 그 호의를 거만함으로 대항한다. 그 거만함에 다시 상처를 받아 피해버리는 사람이 있다. 그래서 약자인가? 상처받을 수밖에 없는 세상일까.

어느 지역 사회에서 이야기다. 학연, 지연, 혈연으로 똘똘 뭉쳐 타인을 배척하는 사람들을 만난 적이 있다. 그 사람들은 온전한 가족도 있고 사랑하는 아이들도 있었다. 하지만 다른 지역 사람이라는 이유 하나만으로 타인을 배척하고 이용하려는 모습들이 아주 강했다. 자신들끼리는 지역 선후배의 관계이겠지만, 타인은 아무것도 아니기에 존중이 필요하지 않았다. 그런 사람들의 곁에서 어떻게든 버티려니 그 시간은 너무도 나의 자아를 파괴당하는 시간으로만 느껴졌었다. 하지만 버텨야만 했다. 왜냐면, 그러한 인간의 본성을 가진 사람들도 있다는 것을 알아야만 했기에 스스로 나를 잠시만 묶어 두기로 했다.

어쩌면 그녀의 말이 옳았는지 모르겠다. 아들은 그런 사람들도 조금은 더 겪어 봐야 해. 그러나 그 표정과 습성들은 배우지 말고 그냥 조용히 경험하다가 다시 제자리로 돌아온다고 생각해. 그 과정을 겪고 나면 세상의 사람들이 다시 보일 거야. 마냥 착한 사람들은 없구나, 하는 진실과 마주하겠지. 그렇다. 그녀는 나에게 또 다른 세상의 진실을 가르쳐 주고 싶어 했는지도 모른다. 어려서부터 다양한 사람을 많이 겪어 봤다고 자부했지만, 그녀가 보기엔 아직도 어린아이처럼 느껴졌기에, 나의 삶이 불안했는지도 모르겠다. 그러니 조금이라도 더 젊었을 때 기회다, 하고서 한 번쯤은 그 과정을 겪었으면 했는가 보다.

가끔 그런 사람들이 있다. 틀린 삶이 없다고 말하는 사람들. 모두가 옳다는 말. 맞는 말이다. 어느 정도 인정은 한다. 각자의 이유와 삶의 존중은 옳을지 모르지만, 사람이 살면서 실수하지 않을 수가 있을까? 그렇다면 틀린 순간도 있지 않을까. 어쩌면, 그 실수가 의도적이고 고의적이며 반복적이라면, 그 사람들은 틀린 순간을 옳다며 살아가고 있진 않을까. 그러면 그 삶이 온전한 걸까. 말을 포장하는 사람들을 굉장히 싫어한다. 자신의 이미지를 좋게 그려내는 것도 온전한 것이어야만 하는데 너무 과해진 이미지는 그저 사람의 얼굴에 탈을 쓴 것일 뿐. 그러니까, 진실은 어디에나 있고 어디에도 없겠지만 한 번쯤은 고민을 해봐야만 할 것 같다. 다시 말해, 세상의 언어를 마냥 좋게 포장하여 표현하는 언어의 치료사들에게 한번은 묻고 싶다. 간접적인 살인과 배타적인 살인, 물질적인 살인, 이유가 없는 살인 등등 모든 것이 살인적인 삶이라면, 그 사람은 틀린 사람이 아닐까요. 결국에 인간으로서 살아가는 마음의 결들이 대부분 악하다면, 그건 어떠한 기준일까요.

이 세상은 약하고 악하다. 하지만 아름다운 이유는 약하고 악함 속에 또 다른 아름다움을 말하고 행하며 지키려는 사람들도 존재하기 때문이다. 모두가 악하다는 건 이 세상의 윤리와 세계관을 파괴해버리는 것이기에. 그렇다면 온통 살인의 피바다가 될 것이기에. 하지만 아직은 우리가 웃고 나누고 행할 수 있는 것들을 찾고 있기에 세상은 아름다울 수 있다. 아니, 아름답다. 나의 주변만을 보더라도 따뜻한 사람들이 존재하니까.

다시, 이 세상에는 가진 게 많은 사람들보다 부족한 사람들이 더 많이 존재한다. 부족하기에 채워가려는 욕심도 있겠지만, 그 마음을 알기에 더 나누려는 욕심도 존재한다. 그런 게 사람이다. 사람 사는 세상이다. 그러니까, 왜 세상을 혼자만의 이기심으로 살아가려는 사람들이 존재할까. 도대체 어떠한 마음이 자리를 잡고 있기에 가능한 현실일까. 그들의 따뜻함은 어디에 있을까. 자신의 기분 상태로 늘 상대방에게 선의를 표현한다면, 그게 옳은 걸까. 혹은 삶이 늘 풍족해서 그러는 걸까. 그렇다면 왜 아침 일찍 일어나 출근을 하고 자신보다 높은 사람에게는 허리를 숙이는 걸까. 결국에 서로가 모자라고 배려해야 하는 것들이 많은 세상인데, 왜 그 울타리를 이해하진 못하는 걸까. 왜 자신을 자각하지 못하고 살아가는 걸까.

당신, 그건 알아요? 한평생 살아가는 것도 아닌데 나쁜 틈을 많이 만들어서 뭐 해요. 적당히 나쁘게 사는 건 괜찮아요. 너무 착하면 세상에서 바보가 되어 버리니까요. 그런데 마냥 나쁘다면 그건 어때요. 낭비가 심한 하루들이 아닐까요. 후회가 심한 감정은 아닐까요. 아침 일찍 하루를 시작하고도 찝찝한 저녁의 밤이면 당신은 행복할까요. 분주하게 움직였던 하루들에 피곤이 쌓이는 건 당연한 건데. 그 피곤함이 조금 더 따뜻하고 괜찮은 마음의 결이면 어떨까요. 힘든 세상이에요. 어느 틈에 껴있는지도 모를 만큼 시간이 지나가기 때문이죠. 그렇기에 우리에게는 잠이라는 친구가 있는 거예요. 그러니까 편안하게 누울 수 있는 마음의 결로 살아요.

09
세계의 진실을 파헤치듯
오늘도 무언가에 열심히 몰두하고 있다.

어릴 때부터 생각하는 버릇들. 감정 앞에 다가서는 행위들. 웅크린 채 아무것도 하지 않는다거나, 그네에 앉아서 그저 시간을 보낸다거나, 베란다 밖에서 누군가를 기다린다거나, 작은 메모장에 몇 글자를 적어 본다거나. 나의 진실을 마주하며 살아가고 있다.

-

세상의 진실은 부모와 자식의 관계에서부터 시작이 된다. 어떤 부모를 만나서 어떤 아이로 성장하느냐에 따라 세상의 진실이 그 아이의 눈앞에 보이기 때문이다. 나의 부모는 그러하였다. 한 분은 떠나가심으로 죽음의 진실을 가르쳐주셨고, 다른 한 분은 기다림과 온전함을 가르쳐주고 계신다. 간혹 그 가르침이 싫어서 서로에게 상처 주는 행위를 할 때도 있었지만, 그러나 서로의 마음을 이해한다는 듯이 다시 살아가고 있다.

고등학교 때가 기억이 난다. 세상의 진실에 대한 첫 토론 수업이었다. 주제는 선과 악에 대한 구분을 짓는 시간이었고, 나는 선이 먼저인 삶을 택하였다. 그러나 대부분의 친구들은 악이 먼저인 삶을 택하였다. 소수 대 다수의 싸움이 되고 말았다. 하지만 우리는 그 진실을 파헤쳐야만 했다. 선이 왜 타당한지, 악은 왜 아직도 부정해야만 하는지에 대한 진실에 이겨야만 했다. 그렇게 치열한 파장이 일렁였다.

사람은 악한 마음도 가지고 태어난다. 그러나 그 본질을 모르기 때문에 표현하는 방법을 터득하지 못하였기 때문에 아이는 어른으로서 성장하고 있을 뿐이다. 그들의 주장이었다. 맞는 말이다. 이론적으론 잘 맞는 말이다. 하지만 나는 그들과 다르게 생각하며 답했다. 세상의 본질을 모르는데 선과 악을 어떻게 구분 지을 수 있을까. 살면서 어른으로 성장해 가며 세상의 본질을 배워가기에 하얀 백지 위에 크고 작은 선을 그려가면서 선과 악의 경계선이 만들어지는 건 아닐까. 그렇다면, 아무것도 없는 하얀 백지의 마음은 선이지 않을까. 그것을 여러분들은 부정할 텐가.

요즘도 생각하게 된다. 선과 악은 누가 먼저일까. 세상의 본질에 대해서 가장 쉽게 물어볼 수 있는 질문이고 또한 어려워서 쉽게 다가서지 못하는 질문이기도 하다. 하지만 나는 어른이 되어서도 선과 악 중에서 선이 먼저라고 생각한다. 그리고 세상의 본질이 어떻든 이 시간을 살아내는 자의 몫이라고 믿는다.

-

세상을 살아가면서 많은 것을 배우지 못했고 가지지 못했던 나의 어머니는 그런 말씀을 내게 자주 하셨다. 세상의 진실이 어떻든 나 자신의 가치를 만드는 건 나 스스로였고, 부모로서의 삶이었다고 한다. 그렇듯 진실이 어떻든 내가 믿고자 하는 삶이 진실인 것이다.

그렇다. 나를 믿는 것으로부터 세상은 이어진다. 어떠한 진실에 도달할 수 있을진 잘 모르겠지만, 나를 믿고 살았으면 한다. 또한, 성인이 되어서도 부모님의 가르침을 이해하고 존중하기를 바란다. 세상의 모든 것은 부모로부터 시작해 나로 이어져 오기까지의 틈일 테니. 그런 세상에서 부모님과 함께 살아가기를 바란다. 그게 살아서의 진실은 아닐까. 아니, 진실일 것이다.

우린, 죽어서는 알까. 살아서는 알까.
그들이 애타게 지키고자 했던 사랑을.

10
여름 방학 인사를 하던 그의 모습이 그려진다.

대학교 때 만난 사이였다. 가끔 인사를 하다가 친해지게 되었고 같은 기숙사를 사용하였기에 종종 술도 한 잔씩 하곤 하였다. 그는 전주 사대부고를 나왔고 공부를 잘하는 엘리트였다. 하지만 수능을 망쳐서 지방대로 내려오게 된 것이었다. 그러나 그의 생각은 조금 달랐다. 지방대 가서 1등 하겠다는 마음으로 내려왔다고 했다. 물론 수도권에 비하면 비교가 안 되겠지만 그에게는 큰 문제가 되질 않았다.

그는 스포츠 올림머리에 인기가 많은 아이였다. 키도 180cm로 큰 키였고, 미소를 지을 때면 주변의 여자아이들이 관심을 보였다. 꽤나 부러운 아이였다. 그러니까 종합적으로 말하자면 공부도 잘하지, 키도 크지, 얼굴도 잘생겼지, 더욱이 호감형이라는 말을 붙이고 싶다. 더구나 그는 술도 곧장 잘 마셨다. 함께 술을 마실 때면 가장 오랫동안 살아남는 친구가 그 친구였다. 다른 친구들은 술에 취해서 자거나 화장실에서 속을 비워댔지만, 그 친구는 늘 당당하게 자리에 앉아 있었다. 그만큼 정신력도 강한 친구였다.

사실 그에 대해 기억하는 것은 별로 없다. 종종 학교를 빠지고 싶을 땐, 점심에 낮술을 한잔했던 것과 수업이 모두 끝난 저녁엔 학교 밑에 있는 감자탕에 소주 한잔을 했던 기억이 전부이다. 그리고 기숙사에서 가끔 연락이 올 땐 늘 '술 있냐?'라는 말이 전부였고, 없다면 '내가 사 올 테니 오늘 한잔할래'라는 말이 다였다.

어느덧 한 학기가 지나고 나는 집으로 내려가게 되었다. 내려가서 아르바이트할 생각이었다. 집 근처엔 조선소가 있었는데, 단기간에 학비를 벌기엔 좋은 직장이었다. 그도 방학 동안에는 다시 전주의 집으로 갈 것이라고 생각을 했지만, 그는 돌아가지 않았다. 기숙사에 남아서 연장 신청을 하고 해운대에서 아르바이트하기로 이미 약속이 되어있었다. 그렇게 나는 여름 방학을 끝으로 다음 학기에 보자며 집으로 내려갔다.

하지만 그게 마지막 인사가 되고 말았다. 갑자기 울리는 대학교 동기의 연락에 그만 모든 순간이 멈추고 말았다. '전주로 빨리 가야겠다.' 오토바이 배달을 하다가 교통사고로 그만 죽었다는 동기의 말이 들렸다. 그렇게 난 대학 동기들과 함께 전주로 향했지만, 그는 이미 재가 되어있었다.

그렇다. 모든 것은 갑작스럽게 일어난다. 아무것도 당연한 것은 없다. 우리는 어느 틈에서든지 무엇을 대비할 여력이 없다. 단지 우리가 할 수 있는 것은 맞닥뜨린 그 상황에 맞게 잘 살아가야 한다는 사실에 불과하다. 사람이 그렇다. 어디에서 어디로 흘러왔는지 그리고 어떻게 죽고 살기를 반복하는지 혹은 온전히 늙어 가는지에 대해서 늘 고민하고 주어진 시간 동안엔 내 사람들 곁에 오래도록 머물 수 있게 노력해야만 한다. 인생이 짧다. 주어진 시간이 짧다는 말이다. 추억하기엔 너무 그리운 삶일지도 모른다.

그렇다. 틈이다.
우리는 으레 짐작할 수 없는 틈을 계속해서 살아간다.

그 틈에서
보고 듣고 느끼는 것은
우리들의 감정이며
삶이며
나의 존재
이다.

11
죽음의 시간

세상이 혼란에 빠졌다. 많은 사람들이 죽었다. 아직도 죽어가고 있다. 공존이라는 단어가 사라져가고 있다. 멀리에서만 느껴지는 사람의 형상이 어렴풋이 그려진다. 자유를 잃었다. 걱정하고 있다. 언제까지 이 시간이 지속될까, 나의 시간을 걱정하고 있다.

-

눈에 보이지 않는 것들이 세상을 덮쳐 버렸다. 아무리 조심한다고 하여도 그 존재는 사라지지 않을 것만 같이 느껴진다. 어쩐지 우리들의 시간을 빼앗아 가기에 급급해 보인다. 무섭게만 느껴지고 있다.

-

죽음의 시간이다. 공포스런 하루들의 연속이다. 하루빨리 끝이 났으면 좋겠다. 예전처럼 자유를 얻고 싶다. 신들의 노여움일까 아니면 인간의 죄일까. 알 수가 없다. 단지 이 모든 건 인간이 만든 재앙이라는 사실밖에 존재하지 않는다. 그로 인해 인간이 죽어가고 있는 것인지도 모른다. 아니, 시간은 이미 죽어있다고 말해야 할까. 틈의 세상이 끝나가는 걸까.

혼돈이라는 건 언제나 존재해왔다.
그것을 이해하기란 사람으로서 불가능하기에
그 단어에 감정만을 실어 보낼 뿐이다.
세상에 대한 존중과 이해
그리고 나의 시간을 조율할 수만 있다면
아마도 우린 모두가 신선이 되지 않았을까.
그러니까. 세상은 어지럽다.
결국, 혼돈은 죽어야지만 끝나는 걸까.
살아서의 삶은 혼돈의 역사일까.
세상이 조금만 더 아름답게 비추어지고 존재했으면 좋겠다.
하지만 그 마음을 조율하는 것도 사람의 몫.
얼만큼의 욕심을 가지고, 버릴지는 각자의 이유일 것이기에.

그러니까.
어쩌면 사람이 혼돈이지 않을까, 생각한다.

12
삶을 틈이라 말한다.
시간을 틈이라 말한다.
나를 틈이라 말한다.

우리는 어딘가의 틈에 껴있다는 것을 말한다. 그 틈에는 사랑도 있겠고, 시린 아픔과 죽음도 머물러 있겠다. 또는 누군가의 생각과 감정들이 묻어 있겠고, 사물적인 것으로 남겨져 있는 사진과 물건 등도 되겠다. 어떤 이의 입에서 입으로 전해지는 말이라는 것에는 사연의 틈이라고 말한다. 우리는 그런 틈에도 살아간다. 또한, 어디에도 존재하는 틈 안에 있다. 하루의 일과 중 잠자는 시간의 틈에 접어들 때면, 몽환적인 사후 세계에 빠져 나를 인식할 수 없는 깊은 틈에 존속해 있기도 하다.

-

시간이 지날수록 그 틈은 점점 약해져 가겠다. 늙어 간다는 것을 말한다. 더더욱 병이 들어 버리고 나약하기에 그지없다고 말한다. 죽어간다는 사실을 받아들여야만 한다. 하지만 그 죽음은 마냥 슬픈 것이 아니기에 우리는 아름다울 수 있는 틈도 추억하며 살아간다고 말한다. 모든 시간(틈)을 이겨내며 가꾸어 가려는 의지, 그것만 잃어버리지 않는다면 여전히 사람은 아름답게 순환한다고 말한다.

어느덧 우리는 어른이 되었다. 갑작스러운 시간의 변화를 겪었는지도 모른다. 하지만 그건 변화가 아닌 틈의 시간이었다. 그 작은 틈들이 모여 나의 시간을 압축시켰고 때론 넓혀 버려서 우리는 살아가고 있는 것이었다. 온 우주의 시간은 어쩌면 인간이라는 존재에 대해서 많은 배려를 쏟고 있는지도 모른다. 그래서 우리는 늘 우주의 기운을 받아 아름답게 늙어 가고 있는지도 모른다. 죽음이라는 단어는 처절하게 가혹하겠지만 죽음을 가지는 삶도 아름다울 수 있겠다고 다시 말한다.

-

틈의 이해.

이 틈, 저 틈, 모든 틈, 나의 틈, 당신의 틈,
누군가의 틈, 마음의 틈, 어떤 차원의 틈.

모든 시간을 살아내는 것에 만족하며 살아갔으면 한다.
그 틈 안에서 이루어지는 여러 감정의 물결은 덤이고
나로서 조금 더 짙어질 수 있는
각자의 이유와 판단이었으면 한다.

13
나를 사랑하는 일에 대해서 고민을 해본 적이 있다.

나는 어떤 사람일까, 라는 질문을 던져 본 적도 있다. 나는 아무것도 아닌 존재에 지나지 않는다는 생각에 조건 없는 선행을 베풀어 본 적이 있다. 아무것도 가진 게 없었지만, 아무 조건 없이 누군가에게 줄 수 있는 마음이 고파서였는지도 모른다. 그렇게 조건 없는 삶을 조금 더 살아보고 느껴 보고 싶어서 계획하지 않은 시간에 대해서 생각하며 행하던 시간이 있다. 여전히 고민하지만, 그 고민은 나에 대한 사랑으로 끝을 낸다. 그 사랑의 결이 나를 최대한 감싸 안기를 바랄 뿐이다. 가끔 사랑이 부족하면 그 틈으로 외로움과 고독의 대사가 흘러나올 테지만 나는 여전히 그 틈마저도 사랑하며 살아가고 있다. 어릴 때가 기억이 난다. 도시락을 싸 들고 가는데 대부분 반찬은 김치였다. 그때는 왜 그리도 김치가 미웠는지 모르겠다. 아니 부끄러웠다. 그러면서도 고마웠다. 김치는 어머니가 만들어주시는 최고의 음식이었으니까. 때때로 햄 반찬도 함께 나올 땐 그녀의 가여움과 사랑이 절실하게 느껴지기도 했었다. 그래서 어른이 된 나는 가끔 어머니께 요리해드리곤 한다.

엄마, 김치면 어때.
엄마가 만들어주시는 김치가 제일 맛있는 반찬인걸.
오늘도 감사히 잘 먹었습니다.

그러니까, 감사하고 사랑합니다.

마지막 이해.

침묵을 견디더라도 나를 사랑했으면 한다. 무슨 말이라도 나에게 해주었으면 한다. 이대로 보내면 안 되는 시간을 알았으면 한다. 사랑하라. 사랑하는 것만이 이 틈에서 나를 지킬 수 있는 유일한 수단과 목적이 될 수가 있을 테니. 나는 여전히 해가 뜨고 밤이 드리워진 이 세상을 사랑한다. 그 틈에 살아있음을 나는 존중한다. 세상은 어렵고 내일도 피곤하겠지만 그 틈에서 함께 할 수 있는 일과 가족과 만남이 있는 그 삶을 사랑하며 이겨낸다. 그렇다. 사랑하지 않을 이유가 없다. 사랑해야만 모든 것이 보존되어 간다. 시간이 무턱대고 나의 삶을 정해주었지만, 그 시간도 나의 사랑으로 덮어버리면 그만이다. 어디에서부터 시작된 나의 존재가 아닌, 나는 나로서 지금을 살아가면 된다는 말이다. 하지만 사는 동안의 언어가 어렵다. 시간도 어렵다. 수많은 언어와 시간에는 우리의 방황이 있다. 그런데도 계속 사랑하였으면 한다.

인생은 사랑으로 모든 것을 용서하고 이해하며 죽어가는 것이다. 죽어간다는 강력한 말은 아름다움으로 늙어 간다는 사실을 말한다. 인생을 살며 동반하는 주름에 대해서도 생각하기를 바란다. 조금 더 가치 있는 아름다운 늙음. 그 시간의 소중함을 조금 더 알아갔으면 한다. 좋은 기억만을 가지고 살아갈 수는 없겠지만, 좋은 기억을 가지고 살고자 노력하는 삶을 지향했으면 한다. *그런 당신이었으면 한다.*

―

때때로 어디에 껴있는지도 모를 만큼 세상은 상처받는 나에게 적대적이었다. 그러니까. 사랑할 수 있는 모든 것을 포용해야만 했다. *이 틈 바퀴에서 살아가려면 살인적으로 나를 사랑할 때도 필요하다는 말이었다.* 결국, 이 시간은 살아가는 동안의 사랑을 가르쳐 주려고 했던 삶이었는지도 모르겠다고 나는 느꼈다.

그 틈에서 늙음과 사랑을 존중했더라면,
우린 조금 덜 슬퍼했을까.

14
두려운 것은 나 자신일 수도 있다.

타인으로부터 시작된 감정이 아닌, 나 자신으로부터 시작된 모든 것일 수도 있다. 서 있겠다고 믿는 건 나의 의지일 수도 있겠지만 그 시간을 믿는 것일 수도 있다. 정해진 것은 아무것도 없고 잘 모르기 때문에 그렇다. 서로의 눈빛이 흔들려 상처를 받을 수도 있다. 하지만 서로의 시간을 조금 더 이해하고 존중한다면, 다시 행복하게 함께할 수도 있다. 미움도 사랑이라고 하였다. 삶에 지친 나의 감정 앞에 스스로 무릎을 꿇고 괴로워할 수도 있다. 그러나 그 시간도 여전히 나를 위한 시간임에는 틀림이 없다. 결코, 가볍지 않을 테지만 여전히 좋은 시간임에는 틀림이 없다. 의심하지 말았으면 한다. 산다는 것, 어느 틈에 껴있다는 것. 어디에서 무엇을 할 것인가의 두려움 또한.

이 글을 쓰는 나라는 존재 또한 여전히 흔들리고 있다. 그리고 두려움에 매일 밤 소스라치게 놀라기도 한다. 하지만 살아간다. 살아간다는 이유만으로 살아간다.

어느 날, 나는 나의 노트 속에 이렇게 써두었다.

더는 죽었다고 말하지 않겠다고.
살아간다는 이유로 다시 살아갈 것이라며.
죽어 갈 이유는 없을 것이라던.
그런 나일 것이라며.

그렇듯 서라. 스스로를 믿고 당당히 서라. 서서 나의 주위의 모든 것들과 함께 다시 새로운 마음으로 이 삶을 걸어가기를 바란다. 그러나 혼자가 될 땐 처절하게 혼자가 되어 보기도 하며 다시 둘에서 셋으로 그렇게 다수가 될 땐 사람들과 함께 두터운 삶을 살아가라. 두려운 삶이 아닌, 두터운 삶인 것이다. 그것이 이번 틈(시간)이 당신에게 건넨 첫 번째이자 마지막 선물이며 삶의 무게이자 이유일 테니.

그날의 마지막 기억

소녀들은 사막에 서 있었다. 서로의 이야기를 하는 듯해 보였다. 무엇을 말하고 어떤 진실을 파헤쳤는지 나는 모른다. 아마도 이번 여행에 관한 이야기가 대부분이거나 이 사막길을 다시 걸어가야 할지 의문이었겠다. 하지만 소녀들은 잠시의 논쟁과 논리 끝에 다시 움직였다. 그렇게 저 멀리서 움직이는 소녀들을 보면서 나도 앞서 걸었다. 결국에 나는 먼저 목적지에 도착하였다. 그리고 저 멀리서 여전히 도착지점까지 걸어오는 소녀들을 보았다. 그런데 소녀들의 입가엔 미소가 번져 있었다. 그래, 안도의 미소일 것이다. 가지 못할 길을 함께 고민하고 다시 걸어가니 갈 수 있었던 이유가 포함되어 있었겠다. 어느덧 소녀들도 목적지에 도착하였다. 그리고 가장 먼저 한 행동은 서로의 모습을 남기는 일이었다. 그다음에는 둥글게 모여앉아 해가 뜨는 모습을 바라보고 있었다. 그래, 우리 모두 새벽 4시부터 시작된 긴 여행이었다. 아침 해가 뜨는 이 광경을 보겠다며 달려온 소녀들과 나였다. 소녀들의 틈은 참으로 아름다웠다. 나는 그 틈을 보았고, 그 시간 속에서 미소를 지었다. 그렇게 각자의 사막을 조금 더 거닐었다.

소녀들은 어디에서 살고 있을까. 가끔은 그날의 기억들이 생각나서 그 소녀들의 안부를 묻곤 한다. 묻는다는 건 혼자만의 질문이다. 또한, 그때 사막 한가운데 모여서 무슨 이야기를 했었고, 어떤 친구들과 함께 온 여행이었을까 궁금했다. 만약에 이 책을 보게 된다면 우리가 다시 만날 수 있을까. 안다. 모든 사람이 인연이 될 수 없음을 잘 이해하고 있다. 그러기에 좋은 기억으로 담아둘 뿐이다. 그렇다. 단지 난 그때의 소녀들이 기억이 났을 뿐이다. 나의 시간과 소녀들의 시간, 그 틈 사이로 찰나의 인연을 말한다. 잠깐 스친 운명이었음을 기억하며 고마웠다고 전한다.

삶을 틈이라고 표현하였고, 시간을 틈이라고 대조하였다.
그 대조에는 슬픔과 죽음과 아름다움이 머물렀고
당신과 나를 틈에 껴있다고 사실 지었으며
우리를 틈의 세계라고 이어 말하였다.

-

여전히 우리는 틈에 껴있다. 어딘가 틈에 껴서 여전히 살아간다. 나를 찾아가는 시간, 나를 이해하는 시간, 다수와 함께 걸어가는 시간, 사랑하는 시간, 슬퍼하는 시간, 고통받는 시간, 기뻐하는 시간, 추억하는 시간, 죽어가는 시간, 아름다운 시간 등.

그 모든 것을 뒤로하고서
다시 한번 마지막 질문을 던진다.

"당신은 어느 틈에 껴서 살아가고 있나요."

나가며

몇 번의 계절을 반복해도
이 공간의 흐름은 알 수가 없다.

진실을 말한다.

어떤 시간을 가질 수 있을까
곰곰이 선택할지라도 놓칠 수밖에 없다.

운명인 것이다.

상상하기에는 벅차고 보내주기엔 안타까운 것이 이 세상이다. 많은 삶을 살아오진 않았지만, 태어날 때부터 누군가의 빈자리를 느꼈고, 살아온 시간이 짧았기에 여전히 많은 시간을 살아가려고, 이해하려고, 사랑하려고 애를 쓰고 있다. 그렇게, 나는 나의 틈인 이 사계절을 좋아할 뿐이다.

작가의 말

하얀 백지 위에 놓인 작은 꽃 하나.
당신이다. 어둡고 차갑겠지만 나이다.
슬퍼할 필요는 없다. 당신은 꽃이기에.
사는 동안엔 행복하게 생각하며 살면은 된다.
그것이 어느 틈에든 당신의 삶이다.

당신의 시간이자,
당신의 이유이다.

하얀 사람이다.

하얀 사람
ⓒ문기현 2021

1판 1쇄 인쇄 2021년 7월 21일
1판 1쇄 발행 2021년 8월 10일

지은이   문기현
사 진   문기현
표 지   이진일
내 지   황성순
책임편집   황성순
보조편집   이진일
폰 트   카페24 고운밤 / 한컴산뜻돋움
마케팅   황성순

발행처   작가의 서재
문의전화   010 2008 3427
이메일   gentlemanbox@naver.com
S N S   instagram@1987book

ISBN | 979-11-973060-1-3 (03810)

이 책은 저작권법에 의거하여 보호를 받는 저작물이므로
무단 전재와 복제를 금합니다.